C. H. Cornelius

**Am Fuße des Westerwaldes**

Geschichte der evang. lutherischen Gemeinde zu Gemünden im Westerwald

C. H. Cornelius

**Am Fuße des Westerwaldes**

*Geschichte der evang. lutherischen Gemeinde zu Gemünden im Westerwald*

ISBN/EAN: 9783743662353

Hergestellt in Europa, USA, Kanada, Australien, Japan

Cover: Foto ©ninafisch / pixelio.de

Weitere Bücher finden Sie auf **www.hansebooks.com**

Gemünden im Westerwald.

# Am Fuße des Westerwaldes.

## Geschichte der evang.-lutherischen Gemeinde zu Gemünden im Westerwald.

Von

**E. H. Cornelius,**
Pastor.

Ev. Joh. 8, 32.

Mit elf Abbildungen.

**Preis 60 Pfennig.**

Der Reinertrag ist zum Besten der Kirchbaukasse bestimmt.

Gemünden im Westerwald.
Selbstverlag des Verfassers.
1898.

Seinen Eltern

in dankbarer Liebe

der Verfasser.

## Vorbemerkung.

Warum diese kleine Chronik einer westerwälder Dorfgemeinde es wagt, aus der Verborgenheit hervorzutreten, das soll sie im unvermeidlichen Vorwort sagen, so verlangt's der Leser. Nicht nur darum, damit wie sie zuversichtlich hofft, der kleinen Gemeinde, deren Geschichte sie kündet, ein wenig geholfen wird, der Erfüllung langgehegter Wünsche näher zu kommen, sondern auch sie vornehmlich zu erinnern an die großen Thaten Gottes, durch welche sie Seine Gnade so reichlich erfahren durfte.

Vergiß nicht, was Er dir Gutes gethan!

Doch noch mehr hat sie im Auge, diese Gemeinde=Chronik. Nicht nur die eignen Kirchkinder will sie lehren, welch eine köstliche Perle Gottes reines, unverfälschtes Wort ist, wie nöthig und herrlich es ist, diesen von Gott uns anvertrauten Schatz zu besitzen und zu bewahren — zumal nichts sonst unsere Seelen zu retten vermag — sie will auch anderen dies Kleinod werth machen und zeigen, wie in der Kirche deutscher Reformation dasselbe vollkommen vorhanden ist, und darum zur Treue und Liebe gegen diese selbst ermahnen.

Was „Union" ist, falsche Union, und wohin sie führt, das will ferner das Büchlein zeigen; möchte es diejenigen zu warnen fähig sein, welche sich noch ziemlich weit oben auf der schiefen Ebene zu befinden wähnen. Sollte bei diesem Bestreben zuweilen nicht ganz streng der Charakter der geschichtlichen Objektivität gewahrt worden sein, man verzeihe dies.

Um dies völlig zu erreichen, dazu gehört Fischblut, das besitzt der Chronist nicht.

Dem aber, der die Wahrheit ist, Jesus Christus, gestern und heute, und derselbe in Ewigkeit, Er segne auch dies geringe Werkchen, welches zur Erbauung der wahren Freiheit in Ihm, unserem ewigen Heil, Dienst leisten möchte!

Gemünden, im Oktober 1898.

*Der Verfasser.*

## I.

Folge mir, lieber Leser, im Geist nach dem Westen unseres lieben deutschen Vaterlandes, in die Gegend zwischen Lahn und Sieg. Dort liegt der vielgeschmähte, als Sibirien des deutschen Reiches verschrieene und vielfach auch heute noch als ein solches behandelte, aber dennoch so wunderschöne Westerwald. Fährst du von Limburg, der alten Lahnstadt mit seinem berühmten Dome und der jetzt noch als traurige Ruine vorhandenen Feste des „Schenken von Limburg" mit der Ostwesterwald=Bahn nach Norden, so kommst du über Hadamar nach Willmenrod. Hier steigen wir aus und gehen noch circa ³/₄ Stunden zu Fuß. Wir durchschreiten das Dorf Wengenroth und gelangen schließlich an ein von bewaldeten Höhen umgebenes, im friedlichen Thale gelegenes Dörfchen von etwas über 1000 Einwohnern; dies ist Gemünden im Westerwald. Von diesem Ort und seinen Bewohnern will ich dir etwas erzählen.

Es gab eine Zeit, da war der Westerwald nicht so schön, wie heute, von dem ein Dichter (Ed. Wißmann) singt:\*)

"O meine Heimath, dich zu sehn, zu grüßen,
Bin ich im Geist noch einmal hergeeilt,
Laß mich dein Kleid von weichem Rasen küssen,
Drauf die Einn'rung meiner Kindheit weilt.
Ich fühle deiner Lüfte heil'ges Wehen,
Die Seele will im Busen mir vergehen.
Bald möcht' ich jubeln, möchte weinen bald,
Du träumerischer Westerwald.

Es rauschen heimlich deine Tannenwipfel,
Darin die Drossel baut ihr stilles Nest.
Die Buche hält auf hohem Bergesgipfel
Um den Basalt den Wurzelarm gepreßt;

---

\*) cf. E. Heyn, Der Westerwald und seine Bewohner, Marienberg 1893.

Zur Seite lauscht die kräuterduft'ge Haide
Und beut den braunen Heerden sich zur Weide.
Die Bäche*) eilen hastig durchs Gestein
Und murmeln in den Wald hinein.

Die Dörfer ruhen an den Bergeshängen,
In stillem Traum, bedeckt mit moosgem Stroh;
Der Friede rastet drin von seinen Gängen,
Der Friede, der gehetzt, die Welt durchfloh!...."

Vor dreihundert Jahren schrieb ein Geograph über den Westerwald: „Der Westerwald ist ein hohes Gebirge zwischen Rhein, Lahn und Sieg, worauf man nichts als Himmel, Pfützen und große Steine sieht." Diese Beschreibung paßte auf den damaligen Westerwald wohl recht gut. Denn die großen Bergwaldungen mit ihren mächtigen Baumriesen, jene Wälder, die 60 Tagereisen lang und 9 Tagereisen breit, sich vom Rhein bis zum Böhmerwald erstreckten und von den Römern „der hercynische Wald" genannt wurden, in denen wilde Thiere und giftiges Gewürm hausten, sie wurden einst eine Beute der Oranier, welche für ihre Kriege in den Niederlanden, wie alle Kriegführenden, Geld und nochmals Geld und wiederum Geld brauchten. Sie kamen eines Tages und sahen das viele schöne Holz des Westerwaldes und wußten als gute Kaufleute gar bald, wie viel Goldgulden sich daraus zu Gunsten der Freiheit der Niederländer machen ließen. So berichtet die Sage. Gewiß ist, daß im 16. Jahrhundert auf einmal fast alle Bäume des Westerwaldes abgeholzt waren. Kahl, ihres Schmuckes beraubt, standen die Basaltberge und trauerten! Da fühlte die oranische Regierung ein menschliches Rühren im vorigen Jahrhundert, machte das begangene Unrecht durch Anlegung von Schonungen wieder gut und die nassauische Regierung folgte ihrem Beispiele. Lange Zeit hindurch aber galt der Westerwald für ein ödes und armseliges Land, und noch G. W. Riehl schreibt Mitte dieses Jahrhunderts über „das Land der armen Leute": .... „Der Westerwald ist eben ein Stück Landes, wo die materielle Noth und das soziale Elend das Bürgerrecht seit ewigen Zeiten gehabt haben und noch haben; und damit wird's denn auch im Zusammenhang stehen, daß der Bettlerrock vielfältig seit Anbeginn das Volkskleid gewesen ist." (Er meint den blauen selbstgewebten Leinwandkittel der Männer, der heute zum Theil einem ähnlichen aus Baumwolle,

---

*) In Gemünden münden drei Bäche in einander, 9 Wassermühlen stehen im Getriebe.

zum Theil dem modernen Rock oder Jackett Platz gemacht hat.) „Und wie sollte es auch anders sein," so fährt Riehl fort, „ist doch der einzige Erwerbszweig in dem langen Westerwalder Winter einzig das Schneeschaufeln! Dem armen Westerwälder sagt man nach, er bete an jedem Winterabend, daß ihm Gott über Nacht einen tüchtigen Schneesturm bescheeren möge. Dann hat er bei den gewaltigen Schneemassen, die da droben fallen, und die von dem nimmer rastenden Sturme oft haushoch zusammengejagt werden, wenigstens ein nahrhaftes Geschäft, das ihm im Staats- und Gemeinde-Tagelohn 24 Kreuzer abwirft. Und das ist die ganze Winterblüthe des Erwerbs auf dem industrielosen hohen Westerwald. Viel hundert Hände werden so in jedem Winter beschäftigt, viel tausend Gulden von Staatswegen in den Schnee geworfen, und doch preisen die armen Leute sich glücklich, wenigstens die Schneeindustrie zu haben, die der Wind in ein paar Tagen wieder wegbläst." — Und Riehl hat zum größten Theil recht mit seinen Schilderungen von der Armuth der Westerwälder. Zu der Zeit, da er sein Werk über „Land und Leute" schrieb, herrschte im ganzen Westerwalde die bitterste Armuth, auch hier in Gemünden. Es ist jetzt um manches besser geworden. Die Anhöhen sind nicht mehr öde und kahl, sondern lieblich bewaldet; die Dörfer haben theilweise recht schmucke, schiefergedeckte Häuschen mit allerhand Zierrath aufzuweisen, sie machen, auch Gemünden, durchaus nicht mehr den Eindruck, daß hier die bitterste Armuth herrscht, sondern tragen hin und her das Gepräge der Sauberkeit und Wohlhabenheit. Aber um welchen Preis ist dieser Aufschwung im Aeußeren erkauft; um den eines geordneten und echten Familienlebens! Denn seit 40 Jahren und etwas mehr ziehen fast alle schaffenskräftigen Männer und Jünglinge mit dem Anbruch des Frühjahrs hinaus in die weite, weite Welt, um für sich und die Ihrigen daheim das liebe tägliche Brot zu erwerben. Sobald der Knabe, meist noch nicht 14 Jahre alt, eingesegnet ist, zieht er mit dem Vater hinaus und hilft mitverdienen. Den Frauen bleibt die Erziehung der jüngeren Kinder, die Bestellung des Hauswesens und des Ackers. Erst mit dem Eintreten des Frostes und Schnees kehren der Familienvater und die Söhne des Hauses zu den heimathlichen Penaten zurück, um hier einige Tage mit den Ihrigen des häuslichen Glückes zu genießen. Es giebt Ehemänner, die über 20 Jahre verheirathet, doch kaum 365 Tage mit ihrer Frau zusammengelebt haben! — Dem Boden stellt Riehl mit Recht das Zeugniß der Vortrefflichkeit aus. Trug er auch zu seiner Zeit nur Kartoffeln, Hafer und Gerste, und spielen auch, wie damals, die Kartoffeln die Hauptrolle, so findet man doch auch Weizen und Gerste, ja auch manches Jahr recht schönes Obst. Dennoch ernährt der Boden trotz seiner Vortrefflichkeit nicht seine Bewohner; denn der Leute sind zu viel; — als einer der wohlhabendsten „Bauern" gilt, wer 20 Morgen Landes sein eigen nennen kann! —

\* \* \*

Die Ureinwohner des Westerwaldes, welche ihre Wohnungen wahrscheinlich in Felsenhöhlen hatten, mußten einst den Celten, den späteren Bewohnern des fränkischen Reiches (Gallien) den Platz räumen. Ums Jahr 2000 sollen sie mit Germanen, Slaven und anderen Völkerstämmen aus Asien nach Europa und Deutschland eingewandert sein. Von den Germanen wurden die Celten auf das linke Rheinufer hinübergedrängt, unter den ersteren hatten sich in dieser Gegend besonders Sigambrer und Ubier, etwas weiter östlich die Chatten, die Ahnen der heutigen Hessen, niedergelassen. Mit den Sigambrern verschmolzen später Tenkterer, welche in die Sitze von 40 000 Sigambrern einrückten, die zwangsweise von den Römern an den Niederrhein verpflanzt wurden. Cäsar hatte sich keiner wesentlichen Erfolge in seinem Kriege gegen die Sigambrer zu rühmen, Drusus hatte mehr Erfolg und schließlich wurden jene 40 000 Sigambrer aus ihren Wohnsitzen fortgeführt und mit Ubiern an der linken Rheinseite zur Ansiedelung gezwungen. Hatten die Römer jedoch geglaubt, das Volk oder den Stamm der Sigambrer damit vernichtet zu haben, so befanden sie sich in einem großen Irrthum. Denn ein Theil desselben hatte sich vor ihnen in das Innere Germaniens geflüchtet und wanderte, als die Zeit günstig war, wieder in die alten heimathlichen Wohnsitze zurück. Noch Jahrhunderte hindurch wird der Volksstamm der Sigambrer genannt, wird doch Chlodwig, der Franken König, nach Zülpichs heißer Schlacht gegen die Alemanen, von dem Erzbischof Remigius von Rheims bei seiner im selben Jahre 496 zu Weihnachten (nach Friedr. Vogel allerdings erst 506\*) zugerufen: „Beuge deinen Nacken, stolzer Sigambrer; bete an, was du verbrannt, verbrenne, was du angebetet hast!" Bis zum Jahre 270 haben die Römer in Nassau Besatzungen und feste Plätze gehabt, wie auf der Saalburg aufgefundene Münzen zeigen, welche diese Jahreszahl tragen.\*\*) Am Anfang des 4. Jahr-

---

\*) cf. Kurz, Kirchengeschichte, § 78 al. 9.
\*\*) cf. E. Heyn a. a. O.

hunderts aber finden wir in diesem Gebiet bereits ackerbautreibende
Alemanen. Die letzten vergeblichen Versuche, dasselbe zurück zu
erobern, machen die Römer, wie Heyn berichtet, in den Jahren
357—371. Dann verschwinden sie für immer in diesen Gegen=
den; mit ihnen aber auch die Quellen für die nassauische Spezial=
geschichte für mehr als 300 Jahre. „Wir sind," sagt Heyn, „bis
zu den Zeiten der großen Völkerwanderung gekommen, welche
man gewöhnlich mit dem Einfall der Hunnen in Europa im
Jahre 375 beginnen läßt. Die Annahme ist irrig, daß alle
deutschen Völker sich damals in einem ruhelosen Umherwandern
befunden hätten. In unseren Gegenden, wie überhaupt zwischen
Rhein und Elbe, behielten die Stämme ihre alten Sitze. Ihre
Geschicke in dieser Zeit sind uns nicht bekannt; wir wissen nur
soviel, daß die Sigambrer, Chatten und eine Anzahl anderer
deutscher Völkerschaften unter dem gemeinsamen Namen der Franken
zusammengefaßt wurden und sich auch enger an einander an=
geschlossen hatten. Daneben führten auch noch Stämme ihre alten
Sondernamen weiter, wie z. B. die Sigambrer, welche auch jetzt
Salier genannt werden!" — Wir finden darauf die letzteren als
Verbündete der Alemanen im Kampf gegen die Macht der Römer,
nach deren Vertreibung sie gegeneinander die Waffen kehren. Die
Sigambrer siegen über die Alemanen, wie oben erwähnt, in der
Schlacht bei Zülpich, und Chlodwig und sein Volk nehmen das
Christenthum an. Aber freilich, wie sich bei diesem Frankenkönig
mit der äußerlichen Annahme des christlichen Glaubens noch keine
Umwandlung des heidnisch fühlenden Herzens verbindet, so ist es
auch bei seinem Sigambrervolke. „Die ärgste Häufung von Treu=
losigkeit, Verrath und Meuchelmord fällt gerade," um mit Kurz
zu reden, „in die Zeit nach seiner Bekehrung. Die katholische
Geistlichkeit des ganzen Abendlandes feierte nichtsdestoweniger in
ihm den zweiten Konstantin, den von Gott berufenen Vertilger
des Heidenthums und der arianischen Ketzerei, und forderte, weil
sie darin seine providentielle Aufgabe erschöpft sah, nichts weiter
von ihm. Chlodwigs Bekehrung war bei alledem in der That
ein Ereigniß von der größten Tragweite; denn der rohe kultur=
lose Arianismus der Germanen erhielt dadurch den Todesstoß, die
Civilisation und die Bildungsreste der alten Welt fanden mit der
katholischen Kirche, ihrem derzeitigen alleinigen Träger, Eingang
in die germanische Welt, die Franken traten an die Spitze der=
selben und legten den Grund zu einem neuen Weltreiche, das
fortan für Jahrhunderte den Mittel= und Schwerpunkt der Welt=

geschichte bilden sollte." Wie es nun bei Chlodwig mit seiner „Bekehrung" aussah, so um nichts besser bei seinem Volke. Obwohl schon Mitte des 4. Jahrhunderts durch den Trierischen Presbyter Lubentius, der am 13. Oktober 351 in der Umgegend von Trier eines unbekannten Todes starb, mit dem Christenthum und dessen Lehren nicht unbekannt, blieben sie jedoch zum großen Theil, nachdem dasselbe bei ihnen durch Chlodwig Staats- und Landes-Religion geworden war, im innersten Herzen Heiden. „Heimlich schlachteten sie," sagt B. Lohmann in seiner Millen.-Predigt der Stiftskirche zu Gemünden, „dem Sonnengotte Pferde und verzehrten das Fleisch als Opfermahlzeit. Ihre Zauberer hielten die Herzen mit ihren Bannsprüchen gefangen, heidnische Greuel beherrschten das ganze Leben. Das wurde in dem Nachbarlande der Chatten anders, als Winfried-Bonifazius die Abtei Fulda stiftete und von dort aus das Licht des Evangeliums im Hessenlande und in Thüringen verbreitete." War Bonifazius, seinem Namen entsprechend, ein Wohlthäter, auch für das christlich gewordene Nassau, indem er es von seinem Erzbischofssitze zu Mainz aus mit tüchtigen Geistlichen versorgte, so ist doch sein Verdienst, die deutsche Kirche unter des Papstes zu Rom Oberleitung gebracht und erhalten zu haben, ein recht zweifelhaftes. Nur sehr allmählich ließen die rohen Naturvölker von ihren heidnischen Gebräuchen und nahmen christliche Zucht und Sitte an. Die christliche Erkenntniß konnte auch nur darum so langsam fortschreiten, weil die Priester, deren recht wenige waren, nicht auf dem Lande selbst wohnten, sondern von dem Bischofssitz aus ihre Bezirke bereisten.

Anders wurde es, als im 9. Jahrhundert die Großen des Reiches — seit dem Jahre 600 ist bereits ein gesetzlich geregeltes Gaugrafenamt — mit ihren Unterthanen eiferten, dem Herrn Kirchen zu bauen. Die älteste Kirche des Westerwaldes ist die Stiftskirche zu Gemünden. Es war im Jahre 878 n. Chr. Geburt, als Gebhard (auch Gebhart), der Graf des Lahngaues das St. Severusstift in Gemünden gründete und demselben viele Güter und Zehnten schenkte.\*) Höchstwahrscheinlich ist dieser Graf Gebhard ein Urahn des Westerburger Grafenhauses. Denn nicht nur bilden die in der Stiftungs- bezw. Schenkungs-Urkunde genannten Dörfer Hergenrod, Hilchenrod, Wengenroth, Wilmenrod und Winden einen Bestandtheil der Herrschaft Westerburg, die

---

\*) J. G. Lehmann, Geschichte und Genealogie der Dynastie von Westerburg, Wiesbaden 1866.

von dem genannten Grafen auf seine Familie vererbt worden sind, sondern es stand auch dem Hause Westerburg über das Stift Gemünden die althergebrachte Schutz= und Schirmgerechtigkeit, sowie das Patronatsrecht daselbst zu. Ferner hatte es auch das Gericht zu besetzen an selbigem Orte. Als weltliche Schirmherren werden von dem Stifter — nach Heyn — die Herren von Westerburg und Runkel genannt, wobei erwähnt werden muß, daß eine Theilung der Dynastie in eine Linie Westerburg und eine Linie Runkel erst durch Siegfried III., Herrn von Runkel, im Jahre 1226 in die Wege geleitet worden ist. Das Recht, die Stelle des Propsten zu besetzen, behielt sich der Kaiser vor — also damals Ludwig von Ostfranken, der Bruder Karls des Dicken, dessen Charakter dieser Vorbehalt auch durchaus entsprach. Im Jahre 845 hatte Gebhard, der Urgroßvater Kaiser Konrad I., der treuste Freund und einer der gewaltigsten Helden Kaiser Ludwigs, des Deutschen, bereits eine Kirche zu Rettenbach a. d. Nar gestiftet, dieselbe aber 850 nach Gemünden im Westerwald verlegt. Außer dem Propste waren an dieser „Stiftskirche" 24 Geistliche angestellt; 12 von ihnen waren Kanoniker, 6 Priester, 3 Diakonen und 3 Subdiakonen. Erst im Jahre 879 war sie vollendet.*)

„Auf der Höhe seines Kriegsruhms," so erzählt Lohmann, „wurde der thatkräftige Gebhard von tiefer Wehmuth ergriffen. Wie nichtig ist doch alle Herrlichkeit dieser Erde, wie flüchtig die vergängliche Zeit, wie unermeßlich groß die Ewigkeit! Nachdem der Graf so lange seinem irdischen Könige gedient, wollte er nun auch für das Heil seiner Seele sorgen. Er eilte zu seinem Freunde, dem Erzbischof Hetti von Trier, dessen geistlichen Beirath sich zu erbitten; der konnte ihm nur antworten: ‚Gehe in ein Kloster und weihe dich dem Dienste des Herrn!' Der entschlossene Krieger fuhr rasch zu." — So kam es zur Gründung der Kirche in Rettenbach und Gemünden. Die Weihe der Gemündener Kirche vollzog der Erzbischof Bertolf von Trier, derselben wohnte auch der oben genannte Kaiser Ludwig III. von Ostfranken bei, der aus seiner Pfalz in Frankfurt a. M. herbeigeeilt war. Graf Gebhard war umgeben von seinen vier Söhnen Udo, Berthold, Berengar und Waldo. Er selbst blieb bei seinen Chorherren im Stift und bereitete sich mit Uebungen frommer Andacht auf ein seliges Ende vor. Priester und Diakonen versorgten den „ganzen Bifang des heiligen Severus" mit Seelsorge, Sakrament und

---

*) cf. Heyn, Seite 65. 66.

Predigt. Fleißig aber arbeiteten die Mönche auch daran, das wüste Land in ein fruchtbares zu verwandeln, und ihr Bestreben war bald mit Erfolg gekrönt. Liebliche Felder und Auen entstanden, schwerbeladene Erntewagen sah man heimfahren, Obstbäume wurden angelegt und trugen reichliche Frucht. Gemünden wurde der Grafschaft Westerburg „Kornkammer". Von dem ältesten Gemündener Kirchbau ist heutigen Tages nichts mehr zu sehen. Die ältesten Ueberreste stammen aus dem 11. Jahrhundert; im 15. Jahrhundert brannte ein großer Theil des Kirchengebäudes nieder und wurde von dem Grafen Reinhard von Westerburg 1501 wieder hergestellt. Was stehen geblieben war, hatte, wie der obere Theil des Thurmes im 13. Jahrhundert, der Chor mit seinem Gewölbe und Fenstern im 14. mancherlei Abänderungen erfahren; letztere wurden z. B. in gothischem Stil erneuert, während der im 11. Jahrhundert errichtete Bau durchweg im romanischen Stil gehalten ist. Ehrwürdige Ueberreste sind die südlichen Arkaden des Schiffs, die unteren Theile des Thurmes und die Mauern des Chores und Querschiffes. Durch den eben erwähnten Brand sind viele der alten Urkunden verloren gegangen, so daß wir nicht viel über das Leben und Treiben in Gemünden, namentlich über das der Mönche und das geistliche Leben der Gemeinde erfahren. Aus einer Urkunde vom Jahre 1221 erfahren wir von einem Streit der Stiftsherren und ihrem Propste zu Gemünden mit dem bereits genannten Siegfried III., welcher durch den Erzbischof Theoderich von Trier zum Nachtheile des Grafen beigelegt und entschieden wurde. Es wurde festgesetzt, daß die eine Hälfte des Zehnten dem Propsten, die andere den Stiftsherren zufallen sollte. Diesen sollten von ersteren Präbenden übertragen werden. Der Graf dagegen hatte des Waldes Hut zu übernehmen und zu diesem Zwecke überall Förster einzusetzen, welche dem Stifte zu allerhand Diensten verpflichtet waren. Es erhielt von ihnen z. B. jeder der Chorherren 12 Wagen Holz, der Propst seinen jährlichen Bedarf. Ferner stand dem Propsten die Ausnutzung des Fischfanges im Sprengel zu, auch lag es ihm ob, nach seinem Gutdünken die Schulzen (Schultheiße) zu ernennen und abzusetzen, ohne den Einspruch des Grafen zu berücksichtigen.

(Man sieht, wie auch hier Rom anfängt im Kleinen, wie anderwärts im Großen, nach weltlicher Macht und Ehre zu streben. Der Herr sagte: „Mein Reich ist nicht von dieser Welt." —)

So glänzend sich das Stift anfangs bewährt und so viel Segen es gestiftet hatte, allmählich verfiel es wie tausend andere.

Durch schlechte Zucht und üble Verwaltung kam es immer mehr herunter.

„Im Jahre 1440, also zur Zeit des großen Brandes war es," wie Heyn berichtet, „so heruntergekommen, daß Reinhard von Westerburg, nachdem er verschiedene vergebliche Versuche gemacht hatte, die gesammte Stifts-Wirthschaft zu reformiren, sich genöthigt sah, dem in Basel tagenden Konzil seine Klage gegen die Stiftsherren vorzutragen. Die versammelten Väter waren Reinhard auch sogleich zu Willen; der Erzbischof von Trier bekam Auftrag, in Gemünden die alte Ordnung wieder herzustellen. Die Herren fügten sich auch. Aber die Anklage wegen Sittenlosigkeit konnten sie nicht verschmerzen; und als nun Reinhard nach dem Brande zur Abhaltung

Die St. Severin-Stiftskirche zu Gemünden.
(1817 übergegangen in den Besitz der ev.-christl. Gemeinde.)

des Gottesdienstes auf dem Friedhof neben der Kirche in Gemünden 1448\*) ein neues Gebäude errichten ließ, erklärten sie das für eine Beeinträchtigung ihrer Rechte und thaten Reinhard und alle Bauleute in den Bann. Welchen Ausgang die Sache noch genommen hat, in welche sich noch, vom Stifte angerufen, die nassauischen Grafen einmischten, und während deren eine Zeit lang im Gemündener Kirchspiel kein Gottesdienst mehr gehalten, keine Kinder getauft, keine Todten mehr beerdigt wurden, ist unbekannt. Reinhard gab seiner Abneigung noch in seinem Testamente Ausdruck; er wollte nicht in Gemünden, woselbst sich das Westerburger Erbbegräbniß befand, bestattet sein. Er wurde darum als der erste

---

\*) Jetzt nicht mehr Kirchhof. D. V.

seines Geschlechts 1449 in der (1448) neuerbauten Westerburger Gruftkapelle beigesetzt." — Jener Reinhard (III.) besaß übrigens eine eigene Schloßkapelle in seinem Westerburger Schloß; in dieser stiftete er 1448 eine Frühmesse und gründete in Verbindung mit seiner (zweiten) Frau Margaretha, einer Tochter des Grafen Friedrich VIII. von Leiningen, welche er am 24. August 1423 heimgeführt hatte, eine Kapelle in Westerburg und ließ sowohl sein Wappen als das des Hauses Leiningen an einem Chorfenster der Kapelle anbringen. Diese Wappen wurden später aus derselben entfernt und im Speisezimmer des gräflichen Schlosses angebracht. Im Jahre 1516 war diese Kapelle so baufällig (in seinem Todesjahre, also 1449, hatte übrigens Reinhard noch einen mit „Gütern und Gefällen reichlich begabten" Altar in derselben gestiftet), daß Schultheiß und Bürgermeister von Westerburg beschlossen einen Neubau vorzunehmen und zum Besten desselben eine Kollekte auszuschreiben. „Durch diese milden Stiftungen und Bauten," sagt J. G. Lehmann, „suchte er (Reinhard III.) seine Unterthanen von der Botmäßigkeit der Geistlichen in Gemünden unabhängig zu machen und ihnen Gelegenheit zu verschaffen, ihren Gottesdienst in Westerburg abzuwarten."

Wir sehen, die christliche Gemeinde tritt unter der Herrschaft Roms völlig in den Hintergrund. Der Graf und die Stiftsherren haben nur Bedeutung, und sie ringen darum, wer in der Kirche die Herrschaft haben sollte. Proteste gegen die römischen Irrlehren wurden auch im Westerwald bereits im 12. und 13. Jahrhundert laut, aber allen Reformationsversuchen erging es, wie denen auf dem Basler Konzil. Sie mißlangen, und die römischen Inquisitoren thaten ihr Möglichstes, jede derartige Regung aufs schärfste zu unterdrücken. Kein Wunder, wenn an Stelle der regen und aufrichtigen Frömmigkeit beim Volke eine religiöse Stumpfheit und Gleichgültigkeit trat, die Sittlichkeit in ebensolchem Maße abnahm, wie bei der entarteten Geistlichkeit, und die Religion bei dem Volke nicht mehr den Mittelpunkt des ganzen Lebens bildete.

Ueber die sittlichen Zustände berichtet eine Mainzer Chronik:[*]) „Die Laster mehrten sich ohne Maßen, das gemeine Volk lebte wie das Vieh, kein Recht galt, die Gesetze und die Geistlichen waren verachtet." Im Jahre 1345 erließ der Erzbischof Heinrich von Mainz an den Bürgermeister und Rath der Stadt Sieg

---

[*]) cf. Heyn, Seite 80 und 81.

eine Verfügung, die für die sittlichen Zustände der Geistlichkeit zur damaligen Zeit bezeichnend ist. Es heißt darin: .... Alle die Priester, welche, wie man von einigen vernommen habe, sich beigehen ließen des Nachts, wenn andere Leute schliefen, in den Herbergen und Wirthshäusern mit Lärmen und allerhand Unfug treiben sich zu verweilen, Schlösser und Thüren zu zerbrechen, ihren unordentlichen Lüsten nachzugehen und schändliche Ausschweifungen zum Aerger und Anstoß anderer zu begehen, sind ohne Umstände in gefänglicher Haft zu bewahren und sie zur gebührenden Bestrafung anzuzeigen . . . .*) Ueber die kirchliche Verfassung des Westerwaldes berichtet Heyn, über die Zeit vor der Reformation folgendes: „So lange die Bischöfe nur geistliche Herren waren, verwalteten sie die Angelegenheiten ihrer Diözese selbst. Dazu reichten die Kräfte aber schon nicht mehr aus, als sie unter Karl dem Großen die geistliche Gerichtsbarkeit über ihre Diözesanen erhalten hatten und unter den sächsischen Kaisern gar mit ganzen Ländern sammt allen landeshoheitlichen Rechten beschenkt worden waren."

„Eine Trennung der Geschäfte wurde nothwendig, die eigentlichen geistlichen Geschäfte, die sogenannten Spiritualien, wurden den Chor- oder Weihbischöfen, die geistliche Gerichtsbarkeit und weltlichen Angelegenheiten den Archidiakonen übertragen. Letztere hatten jedesmal einen Gau zu ihrem Sprengel.

Die Archidiakonate waren gewöhnlich wieder in Dekanate (Landkapitel) eingetheilt, mit einem Dekan oder Erzpriester an der Spitze, welcher die Aufsicht über die Dekanatsgeistlichen führte und sie zu Synoden versammelte.

Die Kirchenvisitationen des Archidiakonats und die damit verbundenen Sendgerichte, welche mit Schöffen aus den Kirchspielen (den Sendschöffen) besetzt waren, hatte der Archidiakon abzuhalten. Derselbe mußte sich dabei nicht nur über das Leben und die Amtsführung des Pfarrers und der anderen geistlichen Personen erkundigen, sondern auch nach Anleitung schriftlicher ‚Weisthümer' noch über viele andere Dinge, so z. B., ob kein Diebstahl, kein Meineid vorgekommen, kein Zauberer, kein Wucherer vorhanden sei, ob niemand falsch Maß gebrauche u. s. w. Alles wurde sogleich untersucht und nach Befinden mit Censur, Gefängniß oder Geldbuße bestraft. Nach der Gerichtssitzung fand

---

*) Siehe auch bei Heyn den Bericht über das Kloster Marienstatt auf Seite 108 ff.

zuerst der Sendatz, die Bewirthung der Kommissarien durch den Pfarrer, statt; dann hatten die Kirchspielsleute die Gefälle an Geld und Früchten zu entrichten, so hatte jede Gemeinde 2—4 Maß Wein zu steuern, der Zehntherr 6 Gallos, jeder Handwerker 9 Pfennige, die Juden des Orts 2 Maß Wein.

Diese Sendgerichte, auch geistliche Rügegerichte genannt, bewährten sich im Anfang vortrefflich. Aber mit der Zeit arteten sie immer mehr aus, besonders als man angefangen hatte, die Kirchenstrafen in Geldstrafen zu verwandeln. Die ganze Einrichtung war schließlich nur noch dazu da, die Taschen der kirchlichen Oberen zu füllen und sie war den niederen Geistlichen nicht weniger wie dem Volke verhaßt." —

Gemünden gehörte damals zu dem „golbenen Archidiakonat" zu Dietkirchen und zum Dekanat gleichen Namens. Zu dem genannten Archidiakonat gehörten noch die Dekanate: Kunostein-Engers, Wetzlar, Haiger. Das Archidiakonat Dietkirchen gehörte selbst zum Bisthum Trier.

Bald sollte auch die Gemeinde des Westerwaldes aus der babylonischen Gefangenschaft des römischen Papstes befreit werden. Der Morgen evangelischer Freiheit brach auch für sie an, und sie hörten auf das Lied der Wittenbergischen Nachtigall, von der der Sänger der Reformation, Hans Sachs, singt:

"Wach' auf, es nahet sich dem Tag!
Ich höre singen im grünen Hag
Die wonnigliche Nachtigall;
Ihr Lied durchklinget Berg und Thal. —
Daß klarer es verstehe man,
Wer sei die liebliche Nachtigall,
Die gekündet hellen Tag mit Schall —
Martinus Luthers, daß ihr's wißt,
Der zu Wittenberg Augustiner ist,
Der hat erweckt uns von der Nacht! —

II.

Am 31. Oktober 1517 hatte Martin Luther seine 95 Thesen gegen den Ablaß an die Schloßkirche zu Wittenberg geschlagen. Das Licht des Evangeliums brach sich schnell Bahn durch das ganze deutsche Vaterland, befördert durch die Erfindung der Buchdruckerkunst und die Bibelübersetzung und die reformatorischen Schriften Luthers. Fürsten, Städte und ganze Länder wurden „lutherisch". Am zähesten hielten die geistlichen Stifte am Alt=

hergebrachten fest, fürchteten sie doch und nicht mit Unrecht, daß durch die Annahme der neuen Lehre auch ihrem bisherigen faulen und wüsten Leben ein Ende gemacht würde.

Schon hatte Wilhelm, Graf von Nassau-Dillenburg, angefangen, in seinem Lande zu reformiren. Er berief im Jahre 1529 den Heilmann Bruchhausen von Krombach zu seinem Hofkaplan, einen der Reformation geneigten Mann, welcher drei Jahre später eine in echt reformatorischem Geist verfaßte Kirchenordnung veröffentlichte. Die Folge war Abschaffung der Mißbräuche, die Erlaubniß für die Geistlichen, sich zu verheirathen, und die Einführung des Nürnberger Katechismus und der Nürnberger Kirchenordnung, sowie (1536) Publizirung einer „Kirchenordnung für die einfältigen Pfarrherren und Kirchendiener". Aber die Einführung der Reformation war bei dem trostlosen Zustande der Geistlichkeit, trotzdem das Volk der neuen Lehre „Ohr und Herz öffnete", mit großen Schwierigkeiten verbunden. Dennoch nahm die Reformation in dieser Grafschaft mit Gottes Hilfe ihren stetigen Fortgang.

Schon verkündete Adam Kyrchen oder Kirchhain in Beilstein 1538 das Evangelium, da regte sich noch nichts im Kirchspiele Gemünden und der Grafschaft Westerburg. Ja, sowohl das Stift wie das Grafenhaus ließen es sich angelegen sein, lange Zeit hindurch alle reformatorischen Einflüsse unschädlich zu machen. Die Westerburger Grafen Kuno (1522—1547) und Philipp (1547—1557) hielten sich überdies mehr in der Grafschaft Leiningen, als in Westerburg auf, welch erstere ja durch Margarethe, Reinhards III. von Westerburg zweite Gemahlin, schon vor einem Jahrhundert an das Haus Westerburg gefallen war, als nämlich ihre Geschwister alle ohne Leibeserben gestorben waren. Auch sonst waren die Westerburger Grafen damals so von ihren persönlichen Angelegenheiten in Anspruch genommen, daß sie keine Zeit fanden, für das religiöse Wohl ihrer Untergebenen Sorge zu tragen. Auf Philipp folgte dessen Bruder Reinhard. Als er im Jahre 1561 aus dem spanischen Kriege und Lande nach Hause zurückkehrte, schrieb er, wie Heyn berichtet, am 18. Oktober an den Propsten Peter Rühwin zu Gemünden, daß er die evangelische Lehre für die richtige erkannt und in seinem Lande einzuführen beschlossen habe. Heyn berichtet nun auf Grund seiner Quellen, daß in Gemünden der Propst und alle Kanoniker „bis auf den letzten Mann sich dem Vorhaben des Grafen widersetzten, und daß es im ganzen Land bei dem Einfluß, den die Stiftsherren durch ihre Seelsorge auf dasselbe hatten, bei dem alten Stand der Dinge blieb. Nur das (heute durchweg römisch=katholische) Kirchspiel Seck, das bereits von Gemünden unabhängig war, nahm 1565 die Reformation nach der augsburgischen Konfession an." Im Gegensatz zu diesem Bericht erzählt Konsistorialrath Lohmann in seiner bereits genannten Festpredigt: „Als aber mit dem Augsburger Religionsfrieden 1555 eine glückliche Zeit in Deutschland anbrach, weil Karl V. an der Niederwerfung der Reformation verzweifelte, und nun jedermann seines Glaubens leben konnte, traten auch die Gemündener Stiftsgeistlichen mit ihrem evangelischen Bekenntniß fröhlich hervor. Von 1556—1560 wurde die Reformation eingeführt, das Kollegiatstift aufgehoben und die vorhandenen Geistlichen als evangelische Pfarrer an die Gemeinden des Stifts vertheilt." Indessen wir haben Grund, dem ersteren Bericht mehr Glaubwürdigkeit zuzumessen.

„Da der Graf," so berichtet Heyn weiter,\*) „im Jahre 1569 in der übrigen Herrschaft noch nichts erreicht hatte, obwohl er es zuerst an gütlichem Zureden und dann auch an Gewaltmitteln nicht hatte fehlen lassen, errichtete er in dem genannten Jahre in Westerburg eine eigene evangelische Pfarrei, welche mit einem Kanonikate in Gemünden dotirt wurde, und machte so den Hauptort der Herrschaft mit einer Anzahl umliegender Ortschaften von der geistlichen Botmäßigkeit des Stiftes frei. Gleichzeitig machte er den Westerburgern eine Kirchenordnung bekannt, welche er in Gemeinschaft mit seinen Brüdern Philipp und Georg hatte aufsetzen lassen. Im folgenden Jahre 1570 gab auch das Severusstift zu Gemünden seinen Widerstand auf und nahm die evangelische Lehre an." In diesem Jahre wurden dann auch „die sechs noch vorhandenen Kanonikate aufgehoben und die Gefälle des Stiftes für die Pfarreien in Gemünden, Westerburg, Seck, Schadeck und Kramberg verwendet." Wir übergehen nun die von Heyn nach Wagner mitgetheilten Jesuiten=Märlein. Mit rechtem Wohlbehagen hebt nun der Pfarrer der neuevangelischen nassauer Kirche hervor, daß es jedem Pfarrer freigestellt war, sich für die Variata oder Invariata der Augsburgischen Konfession zu entscheiden, und daß die Konkordienformel keine Annahme fand. Er will uns damit gewissermaßen erzählen, daß speziell die Herrschaft Westerburg von Anfang an keine streng lutherische, sondern mehr lax=lutherische, cryptocalvinistische, unirtgesinnte war, und daß nach

---

\*) Seite 91.

dem Grundsatz cujus regio ejus religio die spätere Annahme der Konkordienformel von seiten der Lutheraner eine Neuerung war, die jetzige lutherische, nicht in die Union 1817 übergegangene bezw. aus dieser wieder ausgeschiedene Gemeinde kein Recht habe, sich als legitime Fortsetzung der Kirche deutscher Reformation des Westerwaldes resp. Grafschaft Westerburg anzusehen. Der Variata oder veränderten Augsburgischen Konfession maß aber ihr Verfasser, Melanchthon, selbst nur die Bedeutung einer Privat= schrift bei, sie ist als Bekenntniß der Kirche deutscher Reformation niemals anerkannt. Hat also Graf Reinhard es seinen Pfarrern freigestellt, ob sie die öffentlich anerkannte Confessio Augustana oder eine andere Schrift „privater Natur" zur Grundlage ihrer Schrifterklärung und Lehrthätigkeit machen wollten, so be= ging er damit ein großes Unrecht, einen Treubruch an der ge= sammten deutsch=reformatorischen Kirche. Immerhin aber blieben die Pfarrer, welche sich streng an das „öffentliche" Bekenntniß hielten, die rechten Diener der Westerburger Landeskirche, also auch ihre Gemeinden die eigentlichen Gemeinden dieser lutherischen Kirche, auch für den Fall, daß sie der Konkordienformel zeitweise zustimmten. Denn die Lehre der Invariata war publica doctrina. Der Satz: „Die Herrschaft Westerburg ist auch bis in die neuesten Zeiten lutherisch geblieben," bedarf der Ergänzung event. Be= richtigung: bis zur Annahme der Union 1817. — Von Graf Reinhard (1612—55), dem letzten dieses Namens, erzählt Heyn, daß er den Beinamen „der Ungerathene" erhalten, katholisch ge= worden sei „und eine Dechantenstelle in Köln inne hatte, auch seine Unterthanen zu seinem Glauben überzuführen beabsichtigte. Er stand aber schließlich, aus Furcht sein Land durch einen Re= ligionswechsel zu verlieren, von seinem Vorhaben ab." Die Be= wohner der Herrschaft Westerburg sollen damals auch einmüthig erklärt haben, bei ihrem evangelischen Glauben bleiben zu wollen.

Weniger Furcht, seinen Unterthanen die lutherische Lehre zu nehmen und eine andere, die reformirte an deren Stelle zu setzen, bewies in den nassauisch=ottonischen Landen der Graf Johann im Jahre 1578. Die Geistlichen waren charakterlos genug, dem Grafen zu willfahren, vertauschten schnell den lutherischen Rock mit dem reformirten und gebrauchten den Heidelberger Katechis= mus und die Pfälzer Agende. Die widerstrebenden Gemeinden rings umher, wie das jetzt fast ganz katholische Rennerod, ferner Elsoff, Irmtraut, Wilmenrod, Langenhahn und andere Orte, be= kamen reformirte Pfarrer. Langenhahn war seit längerer Zeit ein Filial von Wilmenrod. Als 1611 letzteres wieder lutherisch wurde und einen lutherischen Geistlichen erhielt, bekam dieser es fertig, vormittags in Wilmenrod lutherisch zu lehren und das Abendmahl auszutheilen und nachmittags in Langenhahn reformirt. Doch ein trauriges Zeichen, wie wenig ernst man es mit Treue und Glauben nahm! Eine grenzenlose Verwirrung und Gleichgültigkeit riß mit der Einführung der „vernunftgemäßen" reformirten Lehre ein. Auch damals hieß es schon, wie später bei den Fürsten „und bist du nicht willig, so brauch' ich Gewalt." Als Wilhelm von Wittgenstein, der Schüler des Caspar Olivianus, die Grafschaft Sayn erhielt, machte er die Einführung des Calvinismus zu seiner Lebensaufgabe. Die Pastoren zu Höchstenbach, Kirchen, Roßbach, Mehren, Birnbach, Hamm, welche um Bedenkzeit behufs Annahme der reformirten Lehre gebeten hatten, und die zu Gebhardshain, Freusburg, Kroppach, Almersbach, Schöneberg, Flammersfeld, Daaden, welche ihrem lutherischen Glauben treu zu bleiben erklärten, „wurden mit bewaffneter Hand auf einen Tag vor Sonnenuntergang mit einer bei den Reichsständen unerhörten Gewalt und Eile zum Land hinausgejagt und ihre Stellen sofort mit reformirten Predigern besetzt, welche der Graf aus dem nahen Dillenburgischen sich verschrieben hatte." Dann folgte Einführung des Heidelberger Katechismus, Entfernung von Bildern, Altären, Orgeln aus den ehemals lutherischen Gotteshäusern. Ja Gewalt geht vor Recht, das sollten die Lutheraner in Gemünden von reformirter Seite Anfang und Mitte dieses Jahrhunderts auch verfahren.

Kann man sich darüber wundern, daß das Volk bald genug hier und da von den überall umherziehenden und die Gegenreformation betreibenden Jesuiten sich bewegen ließ, in den Schoß der römisch-katholischen Kirche zurückzukehren? Die Gemeinden Gemünden und Wilmenrod, deren Geistliche ihnen durch den Tod entrissen waren, sandten in dieser Zeit (1628) einen Deputirten zum Kurfürsten von Trier, den sie, in der Hoffnung, von den Kriegslasten dann befreit zu werden, um Uebersendung eines katholischen Priesters baten. Sie bekamen nun den Kanonikus Malburg von Limburg zu ihrem Pfarrer, aber die gewünschte Befreiung von den Lasten des Krieges nicht. War es den Wilmenrodern recht, daß ihr Pfarrer bei ihnen lutherisch und in Langenhahn reformirt war, so war ihnen offenbar wenig an der Wahrheit gelegen. Warum sollten sie schließlich nicht auch mit einem katholischen Pfarrer auskommen können? Dem Grafen

Reinhard von Westerburg war auch alles einerlei, er erklärte, heute bei den Evangelischen und morgen bei den Katholiken zur Kommunion gehen zu können. Er war übrigens katholisch. Freilich Malburg konnte in Gemünden keinen festen Fuß fassen. Eine auf die Jesuiten Jagd machende Bande hatte ihn ergriffen und ihn veranlaßt, so bald als möglich seinen neuen Pfarrsitz zu verlassen und nach Limburg zu verlegen.*) 1632 hielt der Pfarrer von Schabeck wieder den ersten evangelischen Gottesdienst in Gemünden.**) Das Kirchspiel Wilmenrod wurde 1644 von Johann Ludwig von Nassau-Hadamar, der es durch Kauf an sich gebracht hatte, mit Hilfe von 4 Jesuiten katholisch gemacht, 1667 fiel es an Westerburg zurück und mußte nun wieder lutherisch werden. Seck fiel 1637 an Hadamar und ist seitdem katholisch.

Die Gemündener Pfarrchronik reicht nun bis zum Jahre 1611. Am 10. September, berichtet der spätere Pfarrer Philipp Reichwein, sei er hier auf die Pfarre berufen und durch den Westerburgischen Amtmann, den ehrwürdigen und hochgelahrten Herrn Alexander Sohn, der Rechte Doktor, bestätigt worden, während sein Bruder auf die Schule nach Westerburg gekommen. Am 20. Sonntag nach Trinitatis, den 6. Oktober desselben Jahres, wurde er zum heiligen Predigtamt ordinirt. Am 20. Juni 1613 schon folgte ihm ein geborener Gemündener, Diedrich Kreckel, der Sohn des Schulmeisters daselbst, im Pfarramt. Derselbe war vordem 1¾ Jahre zu Crampurgk Diener am Wort Gottes gewesen. Es ist nun bemerkenswerth, daß zu dieser Zeit Reinhard mit dem Beinamen „der Tolle oder Ungerathene" Herr zu Westerburg war, derselbe, welcher sich bemühte, seine Herrschaft wieder in den Schoß der katholischen Kirche zurückzuführen. Vielleicht ist das oben erwähnte Gesuch der Wilmenroder und Gemündener an den Kurfürsten von Trier seinem Einfluß zuzuschreiben, wie die Besetzung der Pfarre mit dem genannten Malburg, den er schließlich doch nicht halten konnte. Der Pfarrer Kreckel bemerkt zu seiner Notiz in der Pfarrchronik:

„Es hat itzgedachter undt Gnädiger Herr mir einen gnädigen schriftlichen Befehl von Cöllen (— er war dort Domdechant. Anm. d. V.) überschickt, das ich die pfar nach althergebrachtem Brauch undt kirchenordtnung versehen und bey augspurgischer

---
*) Er wurde zuerst nach dem Sauerland gebracht, entfloh dort und zog sich beim Herannahen Gustav Adolfs nach Limburg zurück, wo er sich sicher fühlte.
**) cf. Heyn, Seite 108.

Confession bleiben soll." Reichwein und Kreckel waren beide von Jonas Schwenk, Pfarrer in Westerburg, ad ministerium in einem Jahre und Monat ordinirt worden.

„Dieser Diedrich Kreckel" — ist von einem Nachfolger hinzugefügt worden, — „hat die hiesige Pfarre bis zum Jahre 1628 — folglich 15 Jahre — versehen."

Auf ihn folgte wieder einmal ein katholischer Priester, der aber nur „auf einige Jahre hier her plassieret geworden", auch wenig Beifall gehabt zu haben scheint. Denn „während seinem hierseyn hat er nur sehr wenige Kinder aufgeschrieben. — Sein Daseyn erstreckt sich von 1628—1633", folglich kaum 5 Jahre. —

Auf diesen folgt wieder ein lutherischer Guther (undeutlich), namens Lanius aus der Wetterau und zwar aus dem Dorf Mehlbach. — M. Georg Caspar Lanius bemerkt auf einer anderen Stelle des Kirchenbuches, nämlich vor seinem Taufregister, daß Graf Reinhard, der Patron der Gemündener Kirche, die Augsburgische Konfession wiederhergestellt habe, und daß er, Lanius, am 25. Januar 1633 zu Westerburg zum Predigtamt ordinirt worden sei.

Ehe wir nun weiter gehen in der Geschichte der Gemeinde Gemünden, halten wir es für nöthig, noch einiges Nothwendige über die vergangene Zeit zu bemerken. —

Es läßt sich annehmen, daß die Mönche des Stiftes schon früh eine (lateinische) Schule eingerichtet haben werden. Doch Volksschule im eigentlichen Sinne des Wortes wird dieselbe ebensowenig gewesen sein als anderswo. Vom benachbarten Westerburg wird berichtet, daß Graf Philipp 1557 dort eine Schule errichtet habe und sie mit den Gefällen des nach Erbauung der neuen Kirche in Fortfall gekommenen fünften Altars dotirt habe.*) Von Gemünden wissen wir, daß dort sicher in den achtziger Jahren des 16. Jahrhunderts eine Schule existirt hat, an der der Vater des Pfarrers Diedrich Kreckel angestellt war. Ja vielleicht hat er, der den Titel Kanonikus führte, vor seinem Uebertritt zur lutherischen Kirche bereits die Schule gehabt, ist 1570 mit übergetreten und hat sich verheirathet. —

Ueber die Lehrgegenstände der damaligen Westerwaldschulen wollen wir Heyn berichten lassen**): „Was die Lehrgegenstände im Einzelnen angeht, so war bei der ersten Anstellung der Schulen der Unterricht in der Religion und im Lesen die Hauptsache.

---

*) Heyn, Seite 117. — **) Seite 121.

Das erste Lesebuch der Kinder war anfänglich der kleine lutherische Katechismus, dann behalf man sich mit einem zu Köln gedruckten Alphabetbüchlein, aber da darin der englische Gruß und dergleichen mehr stand, druckte infolge eines Konventsauftrages von 1590 der Buchdrucker Corvin in Herborn ein Alphabetbüchlein mit nützlichen Namen, Sprüchen und Fragstücken aus dem Katechismus mit groben Buchstaben auf zwei Bogen. — Der Unterricht im Schreiben stand anfänglich nicht auf dem Lehrplan und wurde erst etwa nach dem 30jährigen Kriege obligatorisch — auch das Rechnen gehörte lange Zeit nicht zu den Unterrichtsgegenständen."

Ueber das kirchliche und bürgerliche Leben, über Sitten und Gebräuche, und darüber, was die Obrigkeit zur Förderung des Wohls ihrer Unterthanen im 14.—17. Jahrhundert zu thun für angebracht und ersprießlich hielt, weiß Heyn uns in seinem Buche manches Interessante mitzutheilen. „Der einzelne Mensch," sagt er,\*) „war in allen Aeußerungen seines Lebens unfrei. In die allerpersönlichsten Verhältnisse des Lebens hinein griffen die polizeilichen Bestimmungen und schrieben vor, was man zu thun und zu lassen hatte. Und nicht genug damit, daß die Verordnungen auch gehalten oder ihre Uebertretungen doch wenigstens zur Anzeige gebracht würden, dafür waren nicht nur die Amtleute, die Schultheißen, Heimberger und die sonstigen Befehlshaber, sondern die ganze Gemeinde, das ganze Kirchspiel verantwortlich. Den Heimbergern z. B. war befohlen, alle vier Wochen von dem Verhalten eines jeden Gemeindegliedes Bericht zu erstatten, damit die Verschwender und Müßiggänger bei Zeiten durch die erforderlichen Zwangsmittel gebessert würden. Das Spürwesen und die Angeberei, vielfach angereizt durch hohe Prämien, waren gesetzlich eingeführt. Hier soll gleich der Einrichtung... gedacht werden, welche Jahrhunderte lang eine außerordentlich wichtige Rolle gespielt hat. Ich meine die geschworenen Montage, die gebotenen Dinge, die Rügetage, bei denen alles, was gegen Gesetz und Ordnung war, gerügt, d. h. zur Anzeige gebracht werden mußte. Aus jedem Haushalte hatte der Hausvater oder bei dessen Verhinderung sonst eine erwachsene verständige Person zum geschworenen Montag zu erscheinen und nach gethaner Rügefrage (bei 3 Gulden Strafe), alles zu offenbaren, was von Schanden, Lastern, Untugend und Muthwillen in der Gemeinde vorgekommen. „Es sollen

---
\*) Seite 161 f.

unſer Unterſaiſſen by iren eyden, die ſie uns gethain, durch unſer
Burgemeiſter, Heymberger und Gerichtsknechte alles roegen und
vurbrengen laiſſen; nemlich alle Ketzery und querſpill, wes Jen
kundlich iſt, glich man in dem helligen Sende zw roegen pleget,
als, wann man aber wip in aber bueßen der Ehe in Querſpill
aber Ketzery lebenn, mit einander in eynem Huſe woenen aber
ſuß zwſamen Jere ſunde zutribenn in ander Huſe kommen und
davon nit ſtehen aber laeſſen wollen — ſullen die verbrechenden
Perſonen, man aber wip icliche uns mit zweien Rinſchengulden
verfallen ſynn. Und ob von ſolchen ſundlichen hendelen und
ſelben perſonen des andern Jars aber roege geſchiege, ſal die
pene doppel von yen uffgehoben werden. Geſchiege das dan
aber zum dritten Jahre, ſal man die egemelte boeße driueltigen.
— Würden die Querſpieler Jhres ſuntlicher Handels danoch aber
nit abetretedenn — ſullen die übertreter brij ſontage nach eyn=
ander wullen und barfuß mit einer bornenden Kirtzenn (bren=
nenden Kerze) vur dem wyhewaſſer uff dem Kirchhobe umb die
Kirche gehenn — aber unſer Lantſchaft rumen, wir gedechten
dieſelben ſuſt an dem libe zw ſtraffen.‘ Es wurde ſonſt noch
gefragt u. a., ob jemand einer anderen, als der chriſtlichen Re=
ligion, angehörte, und in welchem Jrrthum ſich befinde, — ob
jemand Gott, der ein unſichtbares Weſen, in einer Geſtalt ab=
bilde und ein ſolches Bildniß beſitze, — ob jemand der Wahr=
ſagerei, Zauberei, Teufelsbeſchwörerei zugethan ſei, — ob unter
der Predigt jemand auf dem Kirchhof ſpaziert ſei oder ſich im
Wirthshaus habe finden laſſen, — ob Spiele oder Tänze vor=
gekommen, — ob jemand den Feiertag durch Arbeiten entheiligt
habe, — ob Eltern und Kinder, Mann und Frau in Zank und
Streit gelebt — ... ob jemand die beſtimmte Anzahl Bäume
nicht gepflanzt habe u. ſ. w. Der geſchworene Gerichtsſchreiber
verzeichnete dann alles, was klagbar vorgebracht wurde, und ſchickte
das Verzeichniß an die Kanzlei, welche die Beſtrafung der Uebel=
thäter nach der feſtſtehenden Bußtaxe veranlaßte. Nach derſelben
wurde „im 15. und 16. Jahrhundert ein Wahrſager beſtraft mit
2 Gulden; ein Flucher mit 2 Gulden und Thurn; ein Vollſäufer
mit 2 Gulden; ein Schläger mit 1 Gulden; ein Ehebrecher mit
Thurn und 10 Gulden, Unzüchtige zum erſten Mal mit 2 Gul=
den, die Mannsperſonen auch noch mit Thurn; zum zweiten
Male jede Perſon mit 4 Gulden; zum dritten Male wurden ſie
auf einen Karren geſetzt und vom Böttel zum Lande hinaus=
gefahren."

Dann erzählt Heyn unter diesem Kapitel, wie die katzeneln=
bogische Polizeiordnung vom Jahre 1616 beweise, daß die ganze
Polizei unter den Gesichtspunkt des Wortes Gottes damals ge=
stellt wurde. Wie der krasse Aberglaube, der an Hexen und
Gespenstern festhielt und viel Unheil angestiftet hat, auch in Ge=
münden und Umgegend, von der Mitte des 16. Jahrhunderts
an geherrscht hat, das kann man in dem genannten Buch nachlesen.

Eins von den Beispielen will ich noch herausgreifen. Im
benachbarten Westerburg herrschte 1597 die Pest. Da wurde
den Bürgern befohlen, ihre Todten zur Nachtzeit auf dem Kirch=
hof am Reichenstein zu beerdigen. Diese jedoch weigerten sich,
den Befehl zu vollführen unter dem Hinweis, der Kirchhof sei
voller Gespenster. Zu erwähnen ist noch, daß im 16. Jahrhundert
und zwar besonders in den Jahren 1520, 1542, 1551, 1553,
1575 und 1597 und dann fast den ganzen 30jährigen Krieg
hindurch die Pest auf dem ganzen Westerwald wüthete und un=
zählige Opfer forderte. 1661, 1701 und 1720 herrschte sie
ebenfalls. Alle polizeilichen Verordnungen erwiesen sich bei dem
herrschenden Aberglauben als völlig zwecklos. 1607 herrschte die
Influenza. Wissenschaftlich gebildete Aerzte gab es in dieser Zeit
noch fast gar nicht, der „Herr Baber" ließ zur Ader oder setzte
einen Schröpfkopf. Die wenigen Aerzte, die hie und da vor=
handen waren, waren Juden. Der erste wirkliche Arzt des
Westerwaldes war ein gewisser Dr. Pincier, Hofmedicus in Dillen=
burg und gleichzeitiger Professor der Medizin an der Universität
Herborn, 1584 erwähnt. Infolge der Errichtung der medizinischen
Fakultät an dieser Universität finden wir hundert Jahre in den
Hauptstädten der vier Fürstenthümer Nassaus Landphysici und
Landchirurgen, beamtete Aerzte, an deren Spitze der Hofarzt und
der Landmedicus für die gesammte Landesmedizinal=Verwaltung
standen. Freilich auf dem Lande waren wirkliche Aerzte am Ende
des 18. Jahrhunderts selbst nicht einmal an den Amtsorten an=
zutreffen. Gemünden hat bis heute noch keinen Arzt und keins
der umliegenden Dörfer. Die erste Apotheke soll die in Herborn
1566 gewesen sein.

Die Bewohner des Westerwaldes waren fast durchweg bis
in die zweite Hälfte des 16. Jahrhunderts hinein Unfreie, Leib=
eigene der Landesherren, der Abligen oder auch der Kirche.*)
Nur die Kirchspiele Emmerichenhain, Marienberg und Neukirch
machten eine rühmliche Ausnahme. Hier wohnten „freie Leute".

---

*) Heyn, Seite 182 und 184.

Wir gehen nun zurück zur Gemündener Pfarrchronik.
Auf Lanius, welcher 1645 starb, folgte Otto Pistorius, welcher bis zum Jahre 1669, also 24 Jahre, im hiesigen Pfarramt thätig war. Ihm folgt, von Graf Georg Wilhelm berufen, Johann Balthasar Jacobi, aus Worms gebürtig. Als er im Jahre 1690 als "Inspektor" nach Westerburg ging, folgte ihm Joseph Jacob Schlosser, des alten Schulzen Conrad Schlosser Sohn, und diesem, der 65 Jahre Pfarrer war, sein Sohn Georg Emanuel Schlosser, nachdem er vorher schon 7 Jahre "wirklicher Pfarrvikar" gewesen 1755. Auf ihn folgte ihm Jahre 1806 Philipp Christian Wißmann, der bis 1817 lutherischer Pastor in Gemünden war, in diesem Jahre aber nicht ohne Bedenken der neugegründeten evangel.-christlichen Landeskirche beitrat und in dieselbe seine ganze Gemeinde hinüberzog. So wurde ohne Sang und Klang hier die lutherische Kirche zu Grabe getragen. Wißmann blieb bis zum Jahre 1841 am Orte Pfarrer. Dann war Ludwig Carl August Christfreund ein Jahr lang als Pfarrvikar thätig. Sein Nachfolger war Pfarrer Gustav Schmidt, der 1879 starb. Unter ihm begannen die Kämpfe um die Wiederherstellung der lutherischen Kirche.

### III.

Die Unionsakten beginnen mit einem Schreiben des derzeitigen dirigirenden Staatsministers Marschall v. Biberstein an die Landesregierung vom 14. Mai 1817, betr. die Säkularfeier der Reformation, in welchem es heißt, der Herzog erwarte bei der allenthalben in öffentlichen Blättern geschehenden Aufforderung zur Feier des rubr. Festes die gutachtlichen Anträge, wie etwa eine Feier desselben in dem Herzogthum Nassau in kirchlicher Hinsicht angeordnet werden könne.*) Bisher hatte eine jährliche Feier des Reformationsfestes im Herzogthum Nassau nicht bestanden, die Säkularfeiern aber waren von den Reformirten nicht mitgefeiert worden. Im September 1815 war ein Edikt herausgekommen, welches die neue nothwendig gewordene Landesorganisation begründete und an Stelle der bisherigen drei Regierungskollegien zu Weilburg, Wiesbaden und Ehrenbreitstein die Landesregierung zu Wiesbaden einrichtete, der mit dem 1. Januar

---

*) Vergl. Firnhaber-Schroeder, Die evang.-kirchl. Union in Nassau. Wiesbaden 1895. Limbarth, Seite 3.

1816 die geistliche und Civilverwaltung des Herzogthums übertragen wurde. Eine Regierungs-Verordnung vom 9. März 1816 hatte darauf „zur Erreichung größerer Gleichförmigkeit in der Verwaltung" die für die Protestanten in den älteren Theilen des Herzogthums bisher bestandenen Konsistorialkonvente zu Wiesbaden, Wehen, Idstein, Usingen, Wallau, Katzenelnbogen, Hachenburg, Nassau, Runkel und Selters aufgelöst und die von denselben besorgten Geschäfte den Inspektoren, Aemtern und Hofgerichten übertragen.\*) Eine Neuorganisation nicht nur der katholischen Kirche, die mit Hilfe der Kurie 1827 beendet wurde, sondern vornehmlich der protestantischen erschien dem Staate wünschenswerth, einmal wegen vieler neuerdings hinzugekommenen reformirten Gemeinden, welche „eine staatsrechtliche Eingliederung in die nassauische Kirche sehnsüchtig erwarteten" (Firnhaber), dann aber auch, weil durch die neuen Steueredikte „die geistlichen Güter so sehr in ihrem Ertrage gemindert", daß der damalige Geh. Reg.-Rath Ibell sich schon Anfang 1810 veranlaßt gesehen hat, die Aufbesserung der Pfarreinnahmen (beider Konfessionen) beim Ministerium zu beantragen; theils sollte dies durch Beiträge aus Gemeindekassen 2c., theils durch Staatszuschüsse erreicht werden. Freilich wurde die Hoffnung mancher Geistlichen durch das Edikt von 1816 zu Grabe getragen, dasselbe, welches der Kirche die Armen- und Waisenpflege nahm und die nicht mehr konfessionell getrennten Kirchhöfe (Todtenhöfe) den politischen Gemeinden übertrug. Den 7. März 1815 erschien das Edikt gegen den Pfarrbann und den 24. März 1817 das berühmte nassauische Schuledikt, das die Rechte der Kirche an der Schule beschränkte. So ging man gegen die lutherische Kirche Schritt vor Schritt vor und drang immer tiefer in die innersten Angelegenheiten derselben ein. Die Kirchenregierung, nun mit dem weltlichen Regiment verbunden, lag in den Händen des Herzogs. So blieb es in Nassau bis zur Annexion. Vergeblich war 1838 Heidenreichs, 1854 Wilhelmis Antrag auf Errichtung eines Konsistoriums. Eine Jubelfeier der Reformation am 31. Oktober 1817 befehlen für die gesammten Provinzen konnte der Staat nicht gut wegen der katholischen Unterthanen, doch sollte einem diesbezüglichen Gesuch um Gestattung einer solchen Feier von seiten der beiden Generalsuperintendenten gewillfahrt werden. Dies geschah denn auch. Der reformirte Generalsuperintendent Hofprediger Gieße

---

\*) Vergl. Firnhaber-Schroeder, Seite 5 ff.

in Weilburg und der lutherische Pfarrer Müller in Wiesbaden reichten nach 8 Tagen (am 29. Juni und 3. Juli) ein solches mit allerhand Vorschlägen über die Ausführung der kirchlichen Feier ein. Daß man erst nach 16 Tagen, nämlich am 19. Juli, dies Gesuch an das Ministerium weitergab, hatte vornehmlich seinen Grund darin, daß man bei dieser Jubelfeier „eine Vereinigung der beiden protestantischen Konfessionen ins Leben treten zu lassen" beabsichtigte. Bei dem obengenannten Schuledikt war der Gedanke der Kirchenvereinigung praktisch noch nicht verwerthet worden. Das Dillenburger Pädagogium wurde vorzugsweise mit reformirten Lehrern besetzt, das Herborner Predigerseminar ausschließlich für Kandidaten des reformirten Bekenntnisses bestimmt und die Errichtung ähnlicher Anstalten für die Lutheraner und Katholiken in Aussicht gestellt. Aber „im Begleitbericht vom 25. Februar bei der Vorlage des Schuledikts am Ministerium hatte Ibell nähere Vorschläge zur zweckmäßigen Einrichtung des Herborner Predigerseminars ‚bis zur künftigen Kirchenorganisation' vorbehalten. Als am 31. Mai der reformirte Generalsuperintendent ersucht wurde, seine gutachtlichen Anträge über die Errichtung des Herborner Seminars zu machen, ging das betr. Reskript nicht ab und wurde einen Monat später mit dem Bemerken zu den Akten verschrieben, daß dieser Gegenstand durch die projektirte Kombination eines lutherischen und reformirten Seminars vorerst erledigt sei. Es hatte nämlich in einem vom 26. Juni datirten Offizialvortrage (Kirchen- und Oberschulrath) Schellenberg (ein Vetter Ibells) ausgeführt, daß die Zulassung der lutherischen Kandidaten in das Herborner Seminar nicht stiftungswidrig sei, wenn zwei theologi fundamentales reformatae confessionis als Lehrer angestellt würden, und hatte beantragt, den Besuch desselben den lutherischen Kandidaten zur Pflicht zu machen."*) —

Am 17. Juli wurde Gieße mit Müller und Ibell zu einer Konferenz nach Wiesbaden berufen, „um über die Vereinigung der beiden Konfessionen gelegentlich des Reformationsfestes zu berathen, und hat bort entschieden für diese seine langjährigen Lieblingsideen gesprochen und Müllers dagegen erhobene Bedenken zu widerlegen gesucht. Auf dessen Einrede, daß wenn sie beide auch einig wären, dies vielleicht nicht bei den zahlreichen hinter ihnen stehenden Geistlichen mit ihren Gemeinden der Fall sei, habe er geantwortet: Lassen wir alle dogmatischen Wortklaubereien

---

*) Von uns unterstrichen.

beiseite und erfassen das bloße Wesen, so wird das Werk gelingen." Die beiden Generalsuperintendenten im Verein mit Jbell reichten nun persönlich dem Herzog ihre von Müller aufgesetzte Vorstellung ein. "Dieselbe ging aus dem Herzoglichen Kabinett am 21. Juli an das Ministerium und wurde von diesem sofort, mit einem Eilt! versehen, an die Regierung geschickt. Eile that allerdings noth, wenn alles bis zum 31. Oktober fertig werden sollte." Eigenthümlich ist, daß der lutherische Generalsuperintendent doch noch Gewissensbedenken hatte, eigenthümlich auch ist die Art dieser Bedenken. Er für seine Person war bereit, seine lutherische Kirche an die Reformirten zu verkaufen, sie gänzlich in dieser absorptiven Union untergehen zu lassen. Denn daß die von beiden gedachte Union eine solche werden sollte, und keine föderative, davon zeugt jene Eingabe der genannten Generalsuperintendenten nebst ihren sieben Propositionen. "Daß," sagt Firnhaber(=Schroeder) in seinem angeführten Buche,*) "die bisher gültigen Bekenntnisse aufgehoben werden möchten, ist weder in der Synode (— der Generalsynode von Jdstein, welche im August 1817 bereits tagte) von irgend welcher Seite beantragt, noch daß sie es seien durch das Unionsedikt ausgesprochen; es erschien das eben als selbstverständlich bei einer vollkommenen Union, welche man in Nassau zu schließen beabsichtigte; aber wir haben ein Zeugniß, daß sie schon während der Synode für aufgehoben angesehen wurden. Im fünften Ausschuß wird zur ersten Proposition im Protokoll der Wunsch niedergelegt, Vorsorge zu treffen, daß der in der vereinigten Kirche nunmehr bestehende Mangel eines bestimmten Bekenntnisses zur lutherischen oder reformirten Konfession keinem nassauischen Landeskinde im Auslande, wo der Unterschied zwischen augsburgischen und helvetischen Konfessionsverwandten noch in seiner ganzen Strenge bestehe, zum Nachtheile gereiche. Damit ist deutlich genug gesagt, daß die bisher in beiden Kirchen gültigen Bekenntnisse in Nassau von jetzt an nicht mehr als gültig angesehen würden ..."**)

Wir bringen nun hier die oben von uns genannte Vorstellung der beiden Generalsuperintendenten nebst den 7 Propositionen.***)

"Bei den Berathungen über die Feier des dritten Jubeljahrs der Reformation sind wir auf den Gedanken geleitet worden,

---
\*) Seite 250.
\*\*) Der letzte Satz von uns unterstrichen.
\*\*\*) Entnommen dem Buch von Firnhaber=Schroeder, Seite 14. 15.

ob diese herzerhebende Festlichkeit nicht benutzt werden könnte, die äußere Scheidewand wegzuschieben, welche die beiden protestantischen Kirchen des Vaterlandes, ungeachtet sie einig im Geiste sind, bisher noch trennte.

Weit entfernt unsere individuellen Ansichten für die einzig richtigen zu halten oder uns eine Herrschaft über die Gewissen anderer anmaßen zu wollen, freuen wir uns nur, in unseren Wünschen und Hoffnungen mit den Wünschen und Hoffnungen aller unserer denkenden Glaubensgenossen übereinzustimmen, und wagen es daher, Ew. Herzogl. Durchlaucht, die Punkte, welche nach unserer unmaßgeblichen Meinung der beabsichtigten Vereinigung zur Grundlage dienen könnten, nicht nur zu Höchster Prüfung unterthänigst vorzulegen, sondern auch falls dieselben des gnädigsten Beifalls Ew. Herzogl. Durchlaucht, unseres summi episcopi, sich zu erfreuen hätten, devotest zu bitten, daß Höchstdieselben geruhen möchten, uns, zu gemeinsamer Ueberlegung dieser so wichtigen Angelegenheit, die Zusammenberufung aller Inspektoren und etwa einiger Pfarrer aus jedem Ephoratsbezirke gnädigst zu erlauben, sowie auch dieser Synode einen Abgeordneten Herzogl. Landes=Regierung beizugeben.

Gnädigster Aufmerksamkeit uns getröstend ersterben wir in tiefster Verehrung  unterthänigste General=Superintendenten
Gieße. Müller.

**Propositionen zur Vereinigung der beiden protestantischen Kirchen des Herzogthums Nassau.**

1. Da beide protestantische Religionstheile in dem Wesentlichen ihres Bekenntnisses übereinstimmen, so vereinigen sich dieselben dahin, daß sie von nun an nur eine Kirche im Herzogthum bilden, welche den Namen der „Evangelisch=christlichen" führet.

2. Die Pfarreien und geistlichen Inspektionsbezirke bleiben in ihrer bisherigen Formation bestehen und werden da, wo den Umständen nach Veränderungen eintreten müssen, lediglich nach den Bedürfnissen der Bevölkerung mit Rücksicht auf topographische Verhältnisse begrenzt.

3. Einer jeden Gemeinde verbleibt ihr privates Kirchengut und da, wo ingefolge Art. 2 Begrenzungsmodificationen eintreten, wird der dadurch allenfalls disponibel gewordene Theil des gemeinheitlichen Kirchenvermögens ausschließlich zum Vortheil der Gemeinde, resp. des evangelisch=christlichen Kultus verwendet.

4. Die verschiedenen geistlichen Central=Fonds werden, nach Ausscheidung aller dem öffentlichen Unterrichte, der Armenpflege und einzelnen Kirchengemeinden gehörigen Antheile, zu einem evangelisch=christlichen Kirchenfond vereinigt, woraus Stipendien, Pensionen, persönliche Gehaltszulagen der Geistlichen und die erforderlichen Zuschüsse zur Besoldung ihrer Oberen entnommen werden.

5. Die Oberaufsicht über sämmtliche evangelisch=christliche Geistliche und Kirchen wird nach einer geographischen Abtheilung zwischen den jetzt an der Spitze stehenden zwei General=Superintendenten der Geistlichkeit beider Konfessionen getheilt, mit der Bestimmung, daß sie in der Person des Ueberlebenden sich vereinigt.

6. Es besteht nur ein evangelisch=christliches Seminarium für die Geistlichen in Herborn.

7. Jede Gemeinde nimmt die kurpfälzische Kirchenordnung an, um Gleichförmigkeit in der Liturgie hervorzubringen; an gemischten protestantischen Gemeinden muß von jeder der bisherigen Konfessionen ein Prediger sein, jedoch lassen sie alles, was die alte Trennung unterhalten könnte, schwinden; einer konfirmirt abwechselnd mit dem andern die Kinder der ganzen Gemeinde; sie theilen das heilige Abendmahl an einem Altar gemeinschaftlich aus, und es wird darüber eine weitere Berathung erforderlich sein, ob künftig zu gleicher Zeit Oblaten oder Hostien und Brot auf den Altar gesetzt und nach freier Wahl der Kommunikanten genommen, oder für alle größere Hostien gebacken und bei der Austheilung gebrochen werden sollen."

Soweit also die bischöfliche Eingabe mit ihren Propositiones. Sie verdient eine kurze Kritik. Daß sie devotest gehalten ist, wird nicht nur der Herzog zugegeben haben, sie muß „allen denkenden" Menschen geradezu widerlich erscheinen. Sie, die Verfasser, bezeichnen alle diejenigen, welche ihrer unmaßgeblichen Meinung zufallen, als „denkende" Menschen, die eine andere Meinung, wollen lieber sagen, die auf Grund der Schrift eine andere Ueberzeugung haben, nämlich die Luthers, der 1529 zu Zwingli und den Reformirten sagte: „Ihr habt einen anderen Geist als wir!", werden als Unvernünftige, als nicht denkende Menschen verurtheilt. (Armer Dr. Martin Luther!) Freilich diese Lutheraner hatten keinen anderen Geist! Welchen, das beweist der „evangelisch=christliche Landeskatechismus" vor der Zeit der Annexion. Mit diesem fanden erst positivere Anschauungen in der nassauischen Landeskirche — zuerst schon mit dem Eintritt Heydenreichs ins bischöfliche Amt — Eingang, welche freilich befürchten ließen, daß die „vollkommene Union" in eine föderative oder Konsensusunion umgewandelt würde. Und einen Schritt dahin hat allerdings der Landeskatechismus in seiner neuen Gestalt gemacht und die stille Duldung des lutherischen Katechismus, vielleicht auch des Heidelberger, neben dem „Landeskatechismus".

Aus dem obengenannten Katechismus wollen wir später einige Stellen anführen zum Belege dafür, „in welchem Geist" derselbe geschrieben, und von welchem Geiste diese Union Zeugniß ablegt. Daß alle Gemeinden mit dem Werke der Kirchenvereinigung einverstanden seien, das war ausgemachte Sache, ja echt cäsareopapistisch wird überhaupt nicht danach gefragt, ob eine Gemeinde sich der Kirchenvereinigung anschließen will oder nicht, der Fall, daß letzteres geschehen könnte und wie eine solche Gemeinde zu behandeln, findet keine Berücksichtigung. Zwar sagen diese „Bischöfe", sie wollen sich keine Herrschaft über die Gewissen anmaßen, doch straft ihre Eingabe sie Lügen. Dieselbe strotzt von Anmaßung.

Die Regierung empfing von oben herab die Aufforderung, sofort eine General-Synode zu berufen, und zwar nach Jdstein. Mitglieder derselben waren außer den beiden Generalsuperintendenten noch drei landesherrliche Kommissare (anstatt des einen erbetenen), nämlich Reg.-Präs. Jbell, die Reg.-Räthe Hegmann und Vigelius, ferner der Kirchen- und Oberschulrath Schellenberg. Außerdem aber sollten neben den Inspektoren nicht nur „etwa einige Pfarrer, sondern mindestens ebensoviel, ja auch doppelt soviel Pfarrer dabei sein, als Inspektoren beider Konfessionen". „Das kann zum Beweise dienen," meint Firnhaber äußerst naiv, „daß der Herzog die Union nicht als ein von oben herab den Geistlichen anbefohlenes, sondern als ein unter deren Mitwirkung entstandenes Werk haben will..." Die Auswahl der betr. Geistlichen war selbstverständlich den General-Superintendenten überlassen.

Die Betheiligung der Laien war freilich damals noch nicht in der Kirche Brauch. „Was würden denn," sagt Firnhaber, „bei den damaligen Kulturzuständen und den wenigen Städten die Laien anderes gesagt haben, als was ihnen die Geistlichen vorgesagt hatten?" — Merkwürdig, daß die sog. Altlutheraner in Schlesien einer so bedeutend höheren Kulturstufe angehörten! —

Die Mitglieder der Synode trafen, wie befohlen, am Montag, den 4. August, in Jdstein ein, für deren Unterkunft und Versorgung der Amtmann Justizrath Magdeburg Sorge zu tragen hatte. Daß mit der Säkularfeier eine Vereinigung der beiden Konfessionen verbunden werden und darüber berathen werden sollte, erfuhren die Synodalen erst in der ersten Plenarsitzung am 5. August durch Ibell und Müller. Der Synodale für Gemünden war der Pfarrer Joh. Georg Schlosser in Westerburg. Die Synodalen wurden nun in sieben Ausschüsse eingetheilt und in jedem derselben alle sieben Propositionen berathen. Es fanden außerdem drei Plenarsitzungen statt. „Das von dem Herzog von der Synode verlangte Gutachten über die Art und Weise der Vollendung der Vereinigung der beiden protestantischen Kirchen," so berichtet Firnhaber,*) „wurde neben der Bitte, den Anträgen die erforderliche Sanktion zu ertheilen, in dem Bericht an den Herzog niedergelegt, den Ibell in dem von ihm aufgesetzten Konzept und einer Abschrift in die letzte Sitzung mitgebracht hatte, wo die letztere von allen Mitgliedern der Synode eigenhändig unterzeichnet wurde."

Am Samstag, den 9. August 1817, nachmittags 4 Uhr, wurde die General-Synode zu Idstein durch Ibell geschlossen. Als General-Superintendent Gieße dem Herzog vom Verlauf der Synode Bericht erstattete, soll derselbe seinen alten Lehrer in tiefer Rührung umarmt haben. Schon am 11. August, so große Eile hatte man, damit ja kein anderer Staat in diesem Werke zuvorkäme, wurde das Unionsedikt vom Herzog Wilhelm erlassen. Es lautet folgendermaßen:**)

Wir Wilhelm, von Gottes Gnaden, souveräner Herzog von Nassau ꝛc. ꝛc., haben den Antrag Unserer General-Superintendenten der evangelisch-lutherischen und der evangelisch-reformirten Kirchen Unseres Herzogthums, bei Gelegenheit der Säkularfeier des Reformationsfestes die äußere Vereinigung dieser beiden protestantischen Kirchen zu bewirken, durch eine aus allen Vorstehern Unserer gesammten protestantischen Geistlichkeit zusammengesetzte Generalsynode, wozu aus den verschiedensten geistlichen Inspektionsbezirken des Landes noch weiter eine gleiche Anzahl von Geistlichen berufen war, prüfen und begutachten lassen.

Diese Versammlung hat sich in ihrer übereinstimmenden Ansicht dahin vereinigt, daß keine zureichenden Gründe vorliegen, eine Trennung der beiden protestantischen Kirchen fortdauern zu lassen. Von gleicher Ueberzeugung bewogen und in Anerkennung des wesentlichen Charakters der protestantischen Kirche, welche auf den unerschütterlichen Grundpfeilern einer vollkommenen inneren Glaubensfreiheit und einer religiösen Verehrung der

---

*) Seite 37. — **) Siehe Firnhaber, Seite 81.

Lehren des Evangeliums neben völliger Unabhängigkeit von menschlichen Meinungen und Ansichten anderer, also in gänzlicher Entfernung von allem Gewissenszwang errichtet wurde, haben Wir beschlossen, dem Uns vorgelegten Gutachten der Generalsynode Unsere landesherrliche Bestätigung zu ertheilen. Wir wollen demnach, daß die Verhandlungen derselben, soweit sie dieses Gutachten darstellen, zugleich mit Unserm gegenwärtigen landesherrlichen Edikt und als Beilage zu demselben öffentlich bekannt gemacht werden, und verordnen unter Beziehung auf deren Inhalt hierdurch, was nachfolgt:

§ 1. Es sind beide in Unserem Herzogthum mit völlig gleichen verfassungsmäßigen Rechten bisher rezipirte protestantischen Landeskirchen zu einer einzigen vereinigt, welche den Namen der evangelisch=christlichen führt.

Die kirchliche Feier des Vereinigungsfestes wird am 31. Oktober d. J. mit allgemeinen Rücksichten auf das folgenreiche Ereigniß der Reformation, in allen evangelisch=christlichen Kirchen Unseres Herzogthums nach den Vorschriften begangen, welche durch Unsere Landesregierung vorher noch besonders den Behörden mitgetheilt werden sollen.

§ 2. Die Pfarreien und geistlichen Inspektionsbezirke bleiben vorerst in ihrem bisherigen Umfang bestehen und werden künftig da, wo den Umständen nach, und besonders in natürlicher Folge der vollzogenen Kirchenvereinigung Veränderungen eintreten müssen, lediglich nach den Bedürfnissen der Bevölkerung mit Rücksichten auf die Verhältnisse der Ortslage begrenzt.

§ 3. Einer jeden, aus allen evangelisch=christlichen Familien in einem Kirchspiel oder Pfarreisprengel bestehenden Kirchengemeinde verbleibt ihr abgesondert eigenthümliches Kirchengut, und da, wo in Gefolge der Bestimmungen im vorhergehenden zweiten Paragraphen Begrenzungsabänderungen eintreten, wird der dadurch allenfalls zur Verfügung freigewordene Theil des gemeinheitlichen Kirchenvermögens ausschließlich zum Vortheil dieser Gemeinde, oder wenn sie desselben nicht bedarf, zum Vortheil des evangelischen Kultus mittelst Ueberweisung zu dem evangelisch=christlichen Gesammtkirchengut verwendet.

§ 4. Die verschiedenen geistlichen Gesammtstiftungen werden nach vorausgegangener Ausscheidung aller dem öffentlichen Unterricht, der Armenpflege und einzelnen Kirchengemeinden gehörigen Antheile zu einem evangelisch=christlichen Haupt= und Gesammt=Kirchenfond vereinigt, woraus Stipendien für Studirende, welche sich dem Stand der evangelischen Religionslehrer im Herzogthum Nassau gewidmet haben, sodann Pensionen und persönliche Gehalts=zulagen für verdiente Geistliche und die erforderlichen Zuschüsse zur Besoldung der geistlichen Oberen entnommen, auch in besonderen Fällen an bedürftige evangelisch=christliche Kirchengemeinden Unter=stützungen zum Behuf ihres religiösen Kultus bewilligt werden.

§ 5. Die Oberaufsicht über sämmtliche evangelisch=christliche Geistliche und Kirchen wird nach einer geographischen Abtheilung zwischen den jetzt an der Spitze stehenden zwei General=Super=intendenten der Geistlichkeit beider Konfessionen getheilt, mit der Bestimmung, daß sie in der Person des Ueberlebenden sich vereinigt.

§ 6. Das in § 23 Unsres Edikts vom 24. März d. J. bestätigte theologische Seminarium zu Herborn bleibt seiner Be=stimmung nach zur letzten Bildung der Kandibaten des evangelisch=christlichen Predigerstandes bestehen.

§ 7. In allen evangelisch=christlichen Kirchengemeinden, wo die vormals kurpfälzische Kirchenordnung nicht bereits eingeführt ist, wird dieselbe vom 31. Oktober an vorläufig und in der Art angenommen, daß von den Pfarrern nur bei den heiligen Hand=lungen der öffentlichen Taufe und der öffentlichen Austheilung des Abendmahls die darin enthaltene Liturgie buchstäblich bei=zubehalten ist, wohingegen alle übrigen in dieser Kirchenordnung enthaltenen Formularien zum beliebigen und freien Gebrauch ihnen empfohlen sind.

Die gewöhnlichen Sonntagsevangelien werden, der vor=geschriebenen Ordnung gemäß, künftig in allen evangelisch=christ=lichen Kirchen des Landes, und nach einem Eingangsgebete, wie es die Kirchenagende vorschreibt, verlesen, das Predigen über frei gewählte Texte aber bleibt der eignen Auswahl des Predigers in der Regel überlassen, so wie es auch von seinem Gutfinden abhängt, welcher Uebersetzungsworte er bei dem Vorsprechen des Gebets des Herrn, dessen letzter Vortrag bei jedem Gottesdienst künftig in allen evangelisch=christlichen Kirchen durch Läuten mit einer Glocke zu begleiten ist, sich bedienen will.

(Unsere Landesregierung beauftragen Wir, unverzüglich von einer eigens hierzu nach eingezogenem Gutachten der General=Superintendenten zu ernennenden Kommission eine neue Liturgie für die vereinigte evangelisch=christliche Kirche Unseres Herzogthums bearbeiten zu lassen, und Uns die Vorschläge derselben zugleich mit ihrem Gutachten über allgemeine Annahme eines angemesse=nen Religionslehrbuches zur weiteren Entschließung vorzulegen.)

§ 8. Zur Austheilung des heiligen Abendmahls werden (ebenfalls vom 31. Oktober d. J. an), in allen evangelisch=christlichen Kirchen Unseres Herzogthums größere Hostien (Brot) gebraucht und bei der Darreichung derselben an die Kommunikanten gebrochen.

Diese Form ist nothwendig bei der Konfirmation junger Christen und bei ihrer ersten Zulassung zum heiligen Abendmahl zu befolgen; den erwachsenen und nach dem bisherigen Kirchengebrauch einer oder der andern von den beiden in dieser äußern Form bis jetzt verschiedenen Konfessionen früher konfirmirten Kommunikanten aber wird das heilige Abendmahl in dieser ihnen gewöhnlicheren Form von den Pfarrern öffentlich in der Kirche, oder auch in der Stille ihrer Wohnungen administrirt, wenn dieses von ihnen einzeln und nach vorgängiger Verständigung durch den kompetenten Pfarrer, beharrlich verlangt werden sollte.

§ 9. Alle nicht gemeinschaftlich zu verrichtenden pfarramtlichen Handlungen ohne Unterschied werden da, wo mehrere evangelisch=christliche Geistliche bei einer Gemeinde angestellt sind, nach einer wechselnden Reihefolge verrichtet, und derjenige von ihnen, welcher durch diese Einrichtung etwas an seinen bisherigen Einkünften verlieren sollte, wird dafür, soviel seine Person angeht, genügend entschädigt.

§ 10. Vom 1. November d. J. an wird in allen evangelisch=christlichen Kirchengemeinden ein neues Kirchenbuch (Verzeichniß der Geborenen, der geschlossenen Ehen und der Sterbefälle) angefangen und nach den von Unserer Landesregierung darüber zu ertheilenden näheren Vorschriften fortgesetzt. Da, wo mehrere Geistliche bei einer vorhin gemischten, nun aber vereinigten Kirchengemeinde, angestellt sind, wird das neue Kirchenbuch von dem ältesten derselben zu führen übernommen.

§ 11. Die Verkündigung des gegenwärtigen Edikts an die gesammte evangelisch=christliche Geistlichkeit Unseres Herzogthums soll durch den vorgesetzten Inspektor eines jeden Inspektionsbezirks in einer von ihm zu versammelnden Spezialsynode geschehen, bei welcher Veranlassung von demjenigen über die angemessenste allenthalbige Vollziehung die etwa erforderlich scheinenden Belehrungen ertheilt werden.

Gegeben in Unserem Residenzschloß zu Biebrich,
den 11. August 1817.

(L. S.)   Wilhelm, Herzog zu Nassau.

vdt.   Freiherr von Marschall.

Auch dies Edikt geht, wie die vorhin angeführte Vorstellung der beiden Bischöfe, gar nicht darauf ein, daß Gemeinden der erstrebten Union widerstreben könnten, und wie solche in Zukunft zu behandeln sind. Glaubensfreiheit und Entfernung von allem Gewissenszwang ist nur denen zugesichert, welche der neuerrichteten Landeskirche beitreten. In § 8 ist von einzelnen die Rede, welchen der Pfarrer — wo nur einer am Ort ist — das heilige Abendmahl nach bisherigem Ritus geben darf. Auch hier also das die Union kennzeichnende frevelnde Spiel mit dem Allerheiligsten des Glaubens.

Charakteristisch ist ferner das im § 10 erwähnte neue Kirchenbuch.

Eins müssen wir an dieser Union loben, und das ist die verhältnißmäßige Ehrlichkeit, mit der sie ins Werk gesetzt wurde. Da wird nicht gesagt, wie bei der preußischen, „unbeschadet des Bekenntnißstandes", da werden nicht die Gemeinden, damit die Union ins Werk gesetzt werden kann, in dem Wahn erhalten, es bliebe alles beim Alten, nein, hier wird offen bekannt: Es ist etwas Neues geschehen, dies Neue wird für gut und heilsam erklärt, und zum Zeichen, daß an die Stelle der beiden alten bisherigen Kirchen die neue konfessionslose Kirche getreten ist, soll auch überall ein neues Kirchenbuch angelegt werden.

Am 28. November 1827 nahm der eine der beiden General-Superintendenten, nämlich Gieße, seinen Abschied. Der Herzog beabsichtigte nun dem noch im Amt verbleibenden einen höheren Dienstrang beizulegen und ernannte Müller „zum evangelischen Landesbischof" unter Verleihung eines goldenen Brustkreuzes an goldener Kette, „das auf seine Nachfolger Heydenreich (September 1837) und Wilhelmi (1858) übergegangen ist."*) Als der letztere 1882 starb, wurde der Bischofstitel nicht mehr gegeben.

Die Feier des Jubelfestes selbst übergehen wir, weil sie mit ihrem äußeren Gepränge für uns wenig Erquickliches enthält. Wer darüber etwas lesen will, der findet in dem genannten Werk von Firnhaber-Schroeder genügend vor.**) Es versteht sich von selbst, daß die Austheilung der Elemente beim heiligen Abendmahl nach dem neuen unirten Ritus geschah, auf Grund der kurpfälzischen Kirchenordnung. Die Spendeformel lautete, wie in allen Unionsagenden: „Unser Herr Jesus Christus spricht: Nehmet hin 2c."

---

*) Firnhaber, Seite 96—98. - **) Seite 108 ff.

Bei der Vorbereitungsrede der Kommunion sollte der Geistliche der Gemeinde bekannt machen, wie der Ritus des heiligen Abendmahls neu eingerichtet sei, und daß man sich dabei ganz an die Handlung und an das Wort des Herrn halte. (!!) Auch wurde eine Vorschrift über die Bereitung der Hostien oder des Brotes zum heiligen Abendmahl gegeben.

Außerdem legte die Regierung ihrer am 22. Oktober 1817 erlassenen Verfügung ein vom Geheimrath Dr. Jenner in Langenschwalbach gedichtetes Lied bei, daß bei dem Vereinigungsfest in allen Gemeinden gesungen wurde. Es lautete:\*)

Melodie: Lobt Gott, ihr Christen, allzugleich.

1. Singt, Christen, singt dem großen Herrn! Singt ihm ein frohes Lied.
Er hört das Lied der Liebe gern, Der Eintracht frommes Lied.

2. Es ist ihm Lust, wenn seine Welt Dem Göttlichen sich weiht.
Das schönste Lied, das ihm gefällt, Heißt Glaubenseinigkeit.

3. Wo Lieb' und Friede Hand in Hand Zum Tempel Gottes gehn,
Und Brüder, Geist und Herz verwandt, Vor einem Altar stehn,

4. Und wo in Geist und Wahrheit sich Der Duldung Sinn vereint,
Und mit den Brüdern brüderlich Der Bruder glaubt und meint:

5. Da blickt mit hoher Freundlichkeit Uns Gottes Auge an,
Und Haß und Neid, und Zank und Streit Sind liebend abgethan.

6. Gott will, wir sollen glücklich sein; Drum sandt' vom hohen Thron
Er, uns zur Seligkeit zu weihn, Den vielgeliebten Sohn.

7. Der lehrte: nur ein Glaube sei, Der alle Menschen freut,
Der Glaub' an Tugend, Gott und Treu' Und an Unsterblichkeit;

8. Und eine Hoffnung, die so schön Und rein der Brust entquillt,
Die dort, in jenen lichten Höh'n, Dem Redlichen vergilt:

9. Und eine Liebe, die die Zahl Der Tugenden verschönt,
Und uns im schönen Brudermahl Auf immerdar versöhnt.

10. O Brüder, singt dem großen Herrn! Singt ihm ein frohes Lied.
Er hört das Lied der Liebe gern, Der Eintracht frommes Lied!

Dies Lied ist charakteristisch für die nassauische Union. Doch wir bedauern die, welche auf Kosten der Wahrheit Gottes eine „Glaubenseinigkeit" im Unglauben schufen; wir bedauern die, welche sich in diese Kirchenvereinigung bringen ließen und in dieser noch heute im Dunkel des Irrthums verharren. „So ihr bleiben werdet an meiner Rede (in meinem Worte), so seid ihr in Wahrheit meine Jünger und werdet die Wahrheit erkennen, und die Wahrheit wird euch frei machen." Mit der Wahrheit

---

\*) Firnhaber, Seite 119.

sieht's in dieser Union, die nicht an dem Worte des Herrn fest=
hält, ebenso kläglich aus, wie mit ihrer Duldung und Liebe gegen=
über Andersdenkenden. Die begeistertsten Anhänger der Union
sind ausgesprochene Nationalisten, die Jesum Christum als nichts
weiter ansehen, als für einen göttlichen Lehrer. Die Strophen
7—9 erzählen uns, was der Heiland gelehrt haben soll. Wo
hat er jenen Glauben, jene Hoffnung, jene Liebe gelehrt? Der
Kern der Lehre des Herrn, daß er gekommen sei, die Sünder
selig zu machen, indem er sein Leben als ein Lösegeld für viele
dahingegeben, nämlich für alle die, welche im Glauben an ihn
und seine Erlösung für uns gerecht werden wollen, dieser Kern:
Christi Blut und Gerechtigkeit, das ist mein Schmuck und Ehren=
kleid, damit will ich vor Gott bestehn, wenn ich werd' zum
Himmel eingehn, er fehlt im Liede, das voll von hohlen leeren
Phrasen ist. Der Herr warnt mit ernster Liebe durch seinen
Apostel vor unwürdigem Genuß des Nachtmahls: „wer unwürdig
ißt und trinkt, der ißt und trinkt sich selber das Gericht, damit,
daß er nicht unterscheidet den Leib des Herrn." Was aber wird
in Strophe 9 aus diesem göttlichen Mahl, zu dem wir in
Freude und Zittern hinzutreten, gemacht? Ja, der Geist: „seid
umschlungen, Millionen, diesen Kuß der ganzen Welt", er athmet
aus jenem Liede, er tritt uns überall entgegen in der Union;
es ist der Geist des Vaters der Lüge, der sich so gern in einen
Engel des Lichtes verstellt.

Im Unionsedikt vom 11. August 1817 hatte man, wie wir
oben gesehen haben, bereits eine neue Liturgie, also Agende, welcher
Ausdruck mit Rücksicht auf die reformirten Gemeinden vermieden
wurde, sowie ein „angemessenes Religionsbuch" in Aussicht ge=
nommen. Und beides war für diese „vollkommene" Union nöthig.

Besprechen wir zunächst ganz kurz die Agende.

Die Grundlage für die gottesdienstlichen Handlungen und
Feiern bildete zunächst ja die kurpfälzische Kirchenordnung, welche
anzunehmen jede „evangelisch=christliche" Gemeinde verpflichtet
war. An Stelle der bis dahin gebräuchlichen sechs Kirchenord=
nungen sollte nun eine einzige, und zwar, wie gesagt, die kur=
pfälzische, treten, wobei aber nicht gesagt wurde, „welche von den
verschiedenen im Laufe der Zeit erschienenen kurpfälzischen Kirchen=
ordnungen gemeint sei". „Schon in dem ersten Ausschuß" (der
Generalsynode von Jbstein vergl. Seite 34), berichtet Firnhaber,[*]

---

[*] Seite 179.

"wurde die Meinung gehört, die neueste pfälzische Kirchen=
ordnung wäre besser gewesen und würde dem Mißverständniß
vorgebeugt haben, als sei damit, die bis dahin noch in Oranien
zu Recht bestehende altberühmte, im November 1563 publizirte
und später oft neu aufgelegte pfälzische Kirchenordnung, gemeint,
eine der wichtigsten unter den Ordnungen der reformirten Kirche
und den ausgeprägten Charakter derselben tragend".

Die neueste kurpfälzische Kirchenordnung, nach ihrem Titel=
blatt für lutherische Gemeinden bestimmt, hatte jedoch so wenig
ausgeprägt konfessionell Lutherisches an sich, daß sie ohne Be=
anstandung längere Zeit auch in verschiedenen reformirten Ge=
meinden gebraucht wurde. Generalsuperintendent Müller bekam
plötzlich Bedenken, dieselbe, selbst wenn eine Aenderung des Titel=
blattes vorgenommen würde, zur Einführung zu bringen; und
äußerte dies in seiner an die Regierung am 20. Oktober 1817
gerichteten Schreiben. „Ich habe deshalb," so schreibt er,*)
„auf Schellenbergs Rath mit Gieße gemeinschaftlich aus derselben
einen Auszug gemacht und ihn mit den nöthigen Gebeten drucken
lassen, der zum vorläufigen Gebrauch in den Gemeinden kommen
soll." Da die Zeit drängte, hatte die Regierung dagegen nichts
einzuwenden, sondern übersandte an beide Generalsuperintendenten
eine entsprechende Anzahl von Exemplaren mit dem Ersuchen, die=
selben an die Inspektoren und Pfarrer zu vertheilen. Dieser
Auszug, welcher schuld daran war, daß die „Agende" erst in
26 Jahren erscheinen konnte, obgleich sich bald eine Kommission
an die Ausarbeitung derselben gemacht hatte, trug den Titel:
„Gebete und Handlungen bei dem öffentlichen Gottesdienste der
evangelisch=christlichen Gemeinden des Herzogthums Nassau, ein
Auszug aus der kurpfälzischen Kirchenordnung." Denn General=
superintendent Müller konnte der Regierung, welche nicht müde
wurde, an die Vorlage der Kommissionsarbeit über die Liturgie
zu erinnern, am 6. April 1820 antworten, man sei im Lande
überall mit dem „Auszuge" zufrieden, auch werde der Druck der
neuen Agende für den Centralkirchenfond zu kostspielig sein.**)
Ja, die neue Liturgie des Auszuges hatte überall eine bereit=
willige Annahme und Aufnahme gefunden. „Die Geistlichen,"
sagt Firnhaber,***) „sahen wohl alle die Nothwendigkeit ein, daß
in der neuen Landeskirche möglichst bei allen kirchlichen Hand=

---

*) Firnhaber, Seite 177 f.
**) Vergl. ebenda Seite 212.
***) Seite 196.

lungen der liturgische Akt nach einer und derselben vorgeschriebenen Form geschehen müsse, damit demselben der Charakter der Objektivität verbleibe. Da mußte ihnen die kurpfälzische Kirchenordnung, aus der der Auszug entnommen war, eine Empfehlung in dem Umstande haben, daß sie bereits 34 Jahre im Gebrauch gewesen war, so in reformirten, wie in lutherischen Gemeinden, daß ihre Gebete und Handlungen den Geist der neueren Zeit (!) athmeten...." „Das Volk aber, soweit es überhaupt urtheilsfähig war, zeigte sich zufrieden." Und wie war die Regierung mit dieser Zufriedenheit des Volkes zufrieden! Spieker in seinem Herborner Seminarprogramm 1819 findet in dieser willigen Annahme ein Anzeichen, „daß der Sinn für Religion und deren Erhaltung und Beförderung noch im Volke lebte". Man gestatte uns gütigst entgegengesetzter Ansicht zu sein. Wir halten jenes Verschen für dieses Volk und diese Zeit zutreffend, das Wilhelm Backhaus*) in seinen nationalökonomischen Abhandlungen dem der liberalen Phrase verfallenen Volke dieser Zeit vom politischen Nachtwächter singen läßt:

Alles schläft! wie still, wie friedlich!
Nicht ein Athem! Alles ruht!
Ja, mein Volk, so bist du niedlich,
Ja, mein Volk, so bist du gut! —

Der „Auszug", dessen Formulare überall obligatorisch zu gebrauchen waren, entsprach durchaus der beabsichtigten und durchgeführten vollkommenen Union. Dies war nicht nur bei den sakramentalen Feiern ersichtlich, sondern auch bei der Ordination. Damit, daß sie im Auszuge berücksichtigt wurde, hatte die bei der Idsteiner Synode nicht zur Entscheidung gekommene Frage, ob die Geistlichen der Union noch ferner einer Verpflichtung auf die Symbole und Bekenntnisse, und in welchem Umfange event. unterliegen, seine stille Erledigung gefunden. „Denn," sagt Firnhaber,**) „seit der Unionsschließung hat thatsächlich eine solche Verpflichtung nicht mehr stattgefunden, wie allseitig...., auch von den Behörden anerkannt ist; man kennt aber keine die Aufhebung der Verpflichtung aussprechende Verordnung, deren Erlaß um der Schwachen willen für den Moment bedenklich scheinen mochte. Man zog es vor, durch die Formel in dem Auszuge dieselbe zur Kenntniß des Volkes zu bringen und nach und nach eine consuetudo contra legem (Gewohnheit gegen das Gesetz) begründen zu lassen, die ja das kanonische Recht anerkennt. Die bezeichnete

---

*) „Schutt und Aufbau", Seite 4. Leipzig 1886. — **) Seite 193.

Formel, im Wortlaut mit dem Original übereinstimmend, verpflichtet die Geistlichen nur darauf, „als Haushalter über Gottes Geheimnisse die Religion Jesu nach der Vorschrift des Herrn treulich zu lehren und die göttlichen Wahrheiten so vorzutragen, daß sie nichts darunter mischen, wodurch ihre Lauterkeit verstellt werden könne, immer die Heilige Schrift vor Augen zu haben und der Ermahnung Pauli zufolge bei dem Vorbilde der heilsamen Lehre zu bleiben...." Die oft gehörte Meinung, die alten Ordnungen bleiben soweit in Geltung, als ihre Aufhebung nicht ausdrücklich ausgesprochen sei," sagt Jacobson, „ist unhaltbar, namentlich in Beziehung auf alles, was sich aus der Einführung der Union als nothwendige Konsequenz ergiebt." Im übrigen wurde auch die Aufhebung der Verpflichtung bereits im Edikt vom 8. April 1818 gesetzlich festgesetzt.

Von einer ausführlichen Geschichte der 1843 endlich unter Bischof Heydenreich entstandenen oder vielmehr fertig gestellten Agende sehen wir ab. Erwähnenswerth ist es jedoch, daß der letztgenannte Bischof den Gottesdienst in den Gemeinden der neuen Kirche nicht feierlich genug fand, daß er die Wiedereinführung der Kruzifixe in den Kirchen, des Niederknieens der Kommunikanten ꝛc., der brennenden Lichter auf dem Altar, der Einsegnung der Leichen durch die Geistlichen wünschte, auch den Unterricht in der Christenlehre für beide Geschlechter bis zum 18. Lebensjahre ausgedehnt wissen wollte, ja für einen für Katholiken und Protestanten gemeinsamen biblischen Religionsunterricht sich aussprach. Er theilte mit, daß auch nach Gieße's Ansicht, die Vorarbeiten Handels, Brunns und Schroeders für die Agende der gänzlichen Umarbeitung bedurften, „weil sie theils von der Schriftlehre abwichen und zu auffallend\*) im rationalistischen Geiste abgefaßt ... waren." Er klagt darüber, daß bei den heiligen Handlungen zu viel Willkür von seiten der Geistlichen ausgeübt wurde, sonderlich bei dem heiligen Abendmahl und bei der Taufe. „Statt das Haupt des Täuflings reichlich mit Wasser zu begießen, betupfen sie ihn mit der Spitze des in Wasser getauchten Fingers", lautet eine der Anklagen.

Im ganzen scheint sowohl Heydenreich als auch der damalige Direktor der Ministerialkanzlei den lutherischen Bekenntnißschriften ein wenig mehr Einfluß auf Kosten der reformirten haben verschaffen wollen.\*\*) Doch die Regierung will nichts davon wissen,

---
\*) Von uns unterstrichen. cf. Firnhaber, Seite 215.
\*\*) Vergl. die Mittheilungen Firnhabers Seite 219.

daß hier mit einem Male wieder die lutherischen Bekenntniß=
schriften „unter der Hand eingeführt werden sollen". — In dem
anonymen Gutachten über die Agende, welches sich in den Mi=
nisterial=Akten befindet, wird u. a. verlangt, daß die Anklänge
an die Erbsündenlehre auszumerzen seien, gesagt, daß sich sonst
in derselben durchaus keine Anspielungen auf sterile dogmatische
Lehren fänden. „Es darf die bisherige Lehrweise," heißt's in
jenem Gutachten weiter, „der evangelischen Geistlichen*) des
Herzogthums nicht übersehen werden. Der größte Theil huldigt ent=
weder der rationalistischen Auffassung des Christenthums, im guten
Sinne genommen, oder einer supranaturalistischen, welche aber
bei ihren Forschungen die Vernunft nicht verschmäht, noch sich
einem blinden Glauben hingiebt. Darum wird die Agende
keinem Geistlichen unseres Landes zum Anstoß gereichen.

In betreff der Einführung der Agende war man durch die
Vorgänge in Preußen etwas unnöthig ängstlich geworden. Man
fürchtete „separatistische Ereignisse", deshalb wurden die Geist=
lichen angewiesen, alles Aufsehen, alle Ankündigungen vor den
Gemeinden zu vermeiden, sondern sollten sie vielmehr bei ihren
geistlichen Verrichtungen in der Stille benutzen. Der Kampf um
die Wiederherstellung der lutherischen Kirche in Nassau, der trotz
aller Vorsicht entbrannte, steht in gar keinem Zusammenhang mit
der Einführung dieser Unionsagende; ja, er konnte nach den oben
geschilderten Zuständen und Ereignissen ihn nicht haben. Firn=
haber=(Schroeder) hat recht, wenn er an dieser Stelle bemerkt:
„Die Geschichte der preußischen Agende ist doch in keiner Weise
mit derjenigen der nassauischen zu vergleichen." Jede evangelische
Gemeinde, nicht nur die Haupt=, sondern auch die Filialgemeinde,
war zur Anschaffung eines Exemplars verpflichtet, außerdem hatte
jedes Kirchspiel seinem Geistlichen zu dessen Privatgebrauch ein
Exemplar zur Verfügung zu stellen.

Kommen wir nun kurz zur Agende selbst. Sie führt den
Titel „Liturgie bei dem öffentlichen Gottesdienste der evangelisch=
christlichen Kirche in dem Herzogthum Nassau. Auf Verordnung
der Herzoglich Nassauischen Landes=Regierung herausgegeben.
Wiesbaden. 1843." Dieselbe zerfällt in drei Abtheilungen. Die
erste enthält Gebete bei dem öffentlichen Gottesdienst an gewöhn=
lichen Sonntagen, die zweite solche an Festtagen und in den kirch=
lichen Feierzeiten, worunter das spezifisch unirte (und katholische)

---

*) cf. Firnhaber, Seite 223.

Todtenfest nicht fehlt, das aber richtiger, wie in Preußen, am Ende des bürgerlichen Jahres gefeiert wird, die dritte endlich enthält Formulare bei kirchlichen Handlungen. Die Gebete für das „Reformationsfest" zeigen, daß dasselbe nicht nur als solches, sondern auch als Vereinigungs(Unions=)fest gedacht wird. Die Namen der Reformatoren werden in ihnen nicht erwähnt. Bei den Pfingstgebeten ist es charakteristisch, daß der Heilige Geist nicht angerufen wird, er erscheint vielmehr — und dies auch in anderen Gebeten — lediglich als Kraft Gottes des Vaters. Es erscheint die Formel „Lob dir, dem Vater und dem Sohn und dem Heiligen Geist", sowie die „im Namen Gottes des Vaters, des Sohnes und des Heiligen Geistes" daneben recht sonderbar. Freilich braucht bei Hersagung dieser alten Formeln der Geistliche sich den Heiligen Geist nicht nothwendig als Person zu denken, wenn er sich überhaupt etwas dabei denkt! In den Vorbemerkungen zur „heiligen Taufe" wird zuerst an die gesetzlichen Bestimmungen erinnert hinsichtlich der Personen, der Taufzeit (spätestens 4 Wochen nach der Geburt des Kindes), der Taufzeugen. Daß die öffentlichen Kirchentaufen sehr aus der Uebung gekommen sind, wird beklagt, es ist wünschenswerth, daß die Geistlichen auf Wiedereinführung derselben hinarbeiten. Der Vater des Kindes soll bei der Taufhandlung zugegen sein. Der Geistliche hat stets im Ornat die Taufe zu verrichten, gleich, ob in der Kirche oder zu Hause getauft wird. Dann folgt, was bei der Taufhandlung nothwendig zu beobachten sei. Auch schwachen in Todesgefahr schwebenden Kindern hat der Geistliche selbst die Taufe zu geben, nur in dringenden Nothfällen zur Beruhigung der Eltern, und falls sie es wünschen, kann auch ein Nichtgeistlicher, am besten des Kindes Vater, sie verrichten. Spätere Bestätigung der Nothtaufe durch den Geistlichen. „Dem hinsichtlich der sogenannten Nothtaufen häufig stattfindenden Aberglauben soll er entgegenwirken", (nämlich, daß ein ungetauftes Kind nicht selig würde). Damit wird eine „Taufnoth" in Abrede gestellt. — Es folgen nun die Formulare für die Taufhandlung. Es wird die Taufe „die Weihe zum Bekenntniß des christlichen Glaubens" genannt, sie versetzt uns in die Gemeinschaft mit Christo und seiner Gemeinde, „sie bedeutet den Tod, den Untergang alles Bösen, sie versichert uns der Sündenvergebung". Da der Geistliche nicht strikte an das ganze Formular gebunden war, so konnte er ihm unbequeme Sätze fortlassen. So finden sich in dem in hiesiges Pfarrarchiv (der lutherischen Gemeinde) übergegangenen

Exemplar Sätze eingeklammert, in welchen davon die Rede ist, daß wir bei der Taufe „den Heiligen Geist empfingen", und daß bei derselben „unsere Namen im Himmel und im Buch des Lebens angeschrieben werden". In dem darauf folgenden Gebete heißt's unter anderem, „ordne sein (des Kindes) Schicksal nach dem Rathschlusse deiner Weisheit und Güte." Echt reformirt. In dem Formular für die Bestätigung der Nothtaufe heißt's (Seite 247): „**Zugleich ist diese Taufe mit Wasser ein Sinn= bild der Taufe mit dem Heiligen Geist, welchen Gott reichlich über uns ausgießen will durch Jesum Chri= stum 2c.** Wieder echt reformirt. Ja, die Taufe ist nur „zur Erhebung, zur Erbauung, zur Erweckung und Beruhigung der Eltern da", ja, sie ist nicht durchaus unentbehrlich zur Seligkeit, obwohl die muthwillige Verachtung des Sakramentes des Heiles in Christo beraubt. Aber ein getauftes Kind unterscheidet sich in seinem Verhältniß zu Christo doch nicht wesentlich von dem ungetauften, bei ersterem können sie nur um so getroster dasselbe „als ein feierlich Gott in Christo Geweihtes" dem getreuen Schöpfer und Heilande empfehlen, daß Er es mit ihm mache, wie es Ihm wohlgefällt. Unklar ist der Satz in dem Formular für die Taufe eines unehelichen Kindes: „Zwar in ihm selber (dem Kinde) liegt der Keim und die Wurzel der Sünde (!), denn es ist Fleisch vom Fleische geboren; (soll dies ein Anklang an die Erbsündenlehre sein oder nicht?) aber der Herr will es rei= nigen im Wasserbad, durch die neue Geburt aus Gott und durch den Geist aus der Höhe, welcher über dasselbe reichlich ausgegossen werden und das Werk der Heiligung in ihm anfangen, fortsetzen und vollenden soll." Nun weiß man nicht: geschieht diese „neue Geburt im Wasserbad oder außerhalb und nach demselben"; denn es ist sonst durchaus vermieden worden, von der Taufe als dem Bad der Wiedergeburt, das da „wirket Vergebung der Sünden, erlöset vom Tode und Teufel und giebt die ewige Seligkeit benen, die glauben", zu reden. Im übrigen ist der Ausdruck einer Reinigung durch eine (nochmalige oder neue) Geburt ein ganz unerhörter. Eine mindestens sehr sonderbare Exegese von Joh. 3, 5 ff. Echt römisch=katholisch aber klingt der auf der folgen= den Seite stehende Satz desselben Formulars: „Nur wer die Unschuld bewahrt oder zu der Unschuld zurückkehrt, die jetzt diesem Kinde noch insofern zukommt (vor der Taufe!), als keine böse Begierde in ihm erwacht ist und keine Sünde der That sein Leben befleckt; wer so empfänglich für die göttliche Wahrheit und für das Gute ist, wie unverdorbene Kinder es meistens noch in den ersten Jahren des Lebens sind; wer die liebenswürdigen Eigenschaften, die ihnen als ein Geschenk der Natur verliehen sind, durch eigenen Fleiß in der Heiligung sich erwirbt (!!!), oder sind sie verloren gegangen, sie wieder erringet: Der nur ist fähig, mit dem Sohne Gottes Gemeinschaft zu haben, und theilzunehmen an seinem Heil."

Man sieht, wie diese sog. evangelisch-christliche Kirche das Erbe der Reformation bewahrt. Was würde Calvin, was Luther zu solchem Satze sagen, was zu einer „Kirche", die solche Lehren „offiziell" aufstellt? Kennt denn dieser Bischof (Heydenreich), so fragen wir, seine Bibel so schlecht, dieser „fleißige, gelehrte und sachverständige Mann"*), daß er nicht weiß, daß der erste, welcher des Heiles in Christo theilhaftig wurde, der Schächer am Kreuz ist? —

Im Apostolikum heißt's bei der Taufe: „eine allgemeine, heilige christliche Kirche", während die Konfirmanden bekennen: „eine heilige, allgemeine christliche Kirche".**) Vor lauter Allgemeinheit wußte man offenbar nicht, wo man mit dem „allgemein" bleiben sollte.***) Die Konfirmationsfeier, namentlich der obligatorische „Weihespruch": „Nehmet hin den Heiligen Geist", wird wohl vielen der rationalistisch gesinnten Pfarrer wenig bequem und angenehm gewesen sein.

Bei der Beichte soll die „Predigt" von der Kanzel gehalten werden, doch kann auch eine zweckmäßige Rede vom Altar aus gesprochen werden. Die Konfitenten haben mit lautem Ja die Fragen zu beantworten. Das heilige Abendmahl ist stets dann zu halten, wenn mindestens 15 Gäste vorhanden sind, die Konsekration ist beizubehalten. — Merkwürdig ist, daß der Geistliche für den Fall, daß notorisch Unwürdige und Lasterhafte, die der Gemeinde zum Anstoß gereichen, und die ohne Besserung zu versprechen, Zulassung zum Sakrament begehren, diese nicht zurückweisen darf, sondern bei seiner Behörde anzufragen hat, was hier zu thun sei! —

Die auf die Beichtermahnung, das Beichtgebet und die Beantwortung der Beichtfragen folgende „Absolution", ist keine Sündenvergebung kraft des von Christo mit dieser Macht betrauten

---

\*) Dies Zeugniß stellt Firnhaber ihm aus. cf. Seite 217.
\*\*) cf. In der „Liturgie" Seite 235, 254 und 273.
\*\*\*) Man vergl. über den von der Union so beliebten Zusatz „catholicam" (allgemein). Müller, Bekenntnißschriften, Einl. Seite XLIV. Anmerk. 1.

und begabten Amtes, sondern eine bloße Ankündigung. Man begreift nicht, weshalb bei dieser der Zusatz „als ein Diener Jesu Christi, auf Seinen Befehl und in Seinem Namen, kraft meines Amtes", für nothwendig befunden wird. Man fragt auch hier abermals: Kennt denn dieser „Bischof" seine Bibel so schlecht, daß er nicht wüßte, was Christi Befehl sei an der Stelle, auf die er hier Bezug nimmt: „Welchen ihr die Sünden erlasset, denen sind sie erlassen," sagt der Herr.

Nicht minder ist's zu verwundern, daß man dem „lutherisch gesinnten" Bischof die Ermahnung und die Warnung vor dem unwürdigen Genuß des Sakraments in den Beichtvorbereitungen hat stehen lassen. Denn ist auch das lutherisch klingende, schrift= gemäße „der unwürdig isset und trinket, isset und trinket sich selber das Gericht..., darum, daß er nicht unterscheidet den Leib des Herrn", wieder bedeutend abgeschwächt durch den Zusatz, „daß er die hohe Wichtigkeit Seiner Aufopferung nicht richtig erkennt und beurtheilt, und die Heiligkeit der Gedächtnißfeier Seines Todes nicht gebührend erwägt," so ist doch die Warnung vor „unwürdigem Genuß" bei der Auffassung der Reformirten von „einer bloßen Gedächtnißfeier" völlig überflüssig. Diese wider= spruchsvolle Unklarheit, dies Ja und Nein, dies Behaupten und gleichzeitige Zurücknehmen tritt auch in den Abendmahlsformularen hervor. So heißt's im Abendmahlsgebete auf Seite 296: „... Denn das Brot, das wir brechen, ist es nicht die Gemein= schaft Seines Leibes... Indem wir das Brot und den Kelch im Glauben empfangen, und so gewiß wir diese sichtbaren Zeichen der unsichtbaren Gnadengüter hinnehmen, die Er uns durch Sein Leiden und Sterben verschafft hat, so gewiß bietet Er uns auch alle Wirkungen und Segensfrüchte Seiner Aufopferung zur An= eignung und zum Genusse dar und macht alle derselben theilhaftig, die da hungert und dürstet nach Vergebung und Gnade..." Dann heißt's wieder etwas weiter: ... „Da tritt Er mit uns, und wir treten mit Ihm, in eine Verbindung, die Nichts wieder trennen... soll, laut seiner Worte: Wer mein Fleisch isset..." Dann folgen nach dem Vaterunser die Einsetzungsworte, wobei gesagt wird: „Höret nun die Einsetzungsworte, wie sie von den heiligen Evangelisten... beschrieben sind." Bei dieser „Konse= kration" werden Patene und Kelch erhoben!

Die Austheilungsformel ist selbstredend echt referirend, sie lautet: „Unser Herr Jesus sprach: Nehmet hin und esset..." Es ist also hier sogar das Imperfectum „sprach" gebraucht.

In dem darauf folgenden Dankgebet fehlt jeder Anklang an eine lutherische Auffassung.

Es werden die gegebenen Beispiele aus der „Liturgie" zur Charakterisirung derselben genügen, wenden wir uns nun zu der zweiten Unionsschrift, „dem angemessenen Religionsbuche". (cf. Seite 41.) Auch hier müssen wir einiges Wenige über seine Entstehung vorausschicken.

Im Beschluß der Synode wie im Unionsedikt war dem Religionsbuch der Name „Katechismus" nicht beigelegt worden, weil die mit symbolischem Ansehen bisher gebrauchten Lehrbücher beider Konfessionen diesen Namen tragen, deren Gebrauch nun nicht mehr für die neue Kirche möglich war. Da über das Bekenntniß derselben in der Synode nichts festgesetzt war, so beburfte sie, gesteht Firnhaber zu,*) um so bringender eines Lehrbuches, „durch welches ihre Geistlichen erführen, was beim Unterricht von den bisherigen Bekenntnissen aufgegeben bezw. beibehalten werden müsse, nachdem sie auf dieselben nicht mehr verpflichtet würden." — Als Verfasser dieses neuen Lehrbuches war bereits von Oberschulrath Schellenberg der Inspektor der reformirten Kirchen und Schulen der Grafschaft Katzenelnbogen, Spieker zu Nastätten, ausersehen, der Verfasser eines im Jahre 1800 erschienenen „Unterrichtes in der christlichen Lehre für Kinder, die zum Denken angeführt sind". Er, Spieker, nämlich stimmte jedoch dem Beschlusse des vierten Ausschusses, dessen Mitglied er war, bei, wonach der Landeskatechismus den beiden Generalsuperintendenten übertragen wurde. Er verfaßte einen „Kurzen Unterricht über das große Reformationsfest und dessen Bedeutung für die erwachsene Jugend", für die ihm der Herzog, dem dies Schriftchen gewidmet war, einen Brillantring und ein gnädiges Handschreiben verehrte.

Der früher lutherische Generalsuperintendent Müller, dem an der Schließung der Union viel weniger gelegen war, als seinem reformirten Kollegen Gieße (vergl. auch Seite 30), war ein großer Verehrer des lutherischen Katechismus. Ihm lag nichts daran, denselben so schnell wie möglich durch einen anderen, in welchem Luthers Kraftsprache doch nicht erreicht würde, zu ersetzen. In einem Reskript vom 22. August 1818 wurde nun von der Regierung den beiden Generalsuperintendenten die Aufgabe, ein den Grundsätzen der neuen Kirche entsprechendes Religionsbuch zu schaffen, gestellt. In ihrer Antwort vom 18. August 1820 wiesen

---

*) cf. Firnhaber, Seite 128.

die beiden Herren auf die Schwierigkeiten dieser Arbeit hin, hofften jedoch im Laufe des nächsten Jahres berichten zu können, wie dem Bedürfniß abgeholfen werden könne. So lange könnten die Lehrbücher aus dem Frey'schen Verlag in Wiesbaden noch beibehalten werden. Schellenberg war eifrig bemüht, die Katechismusangelegenheit zum Abschluß zu bringen. Auf einen Antrag des Generalsuperintendenten Müller wird regierungsseitig den Pastoral=Konferenzen die Aufgabe zur Berathung gestellt:

„Nach welchem Plan ist der konfessionelle Katechismus für die Jugend der evangelisch=christlichen Kirche abzufassen und wie schließt sich derselbe am zweckmäßigsten an ein allgemeines Lehrbuch für die Elementarschule an?" Die Generalsuperintendenten hatten über die Konferenzarbeiten im September 1822 und im Juli 1823\*) berichtet. Spieker hatte unterdessen in seinem Herborner Schulprogramm 1821 diese Frage und deren Lösung so geschickt behandelt, daß er allgemeinen Beifall erntete. Er stellt darin dem evangelisch=christlichen Katechismus das Ziel, die Offenbarung in innigster Verbindung mit der Vernunft zur Erkenntnißquelle aller Religion zu erheben, er schlägt vor, denselben nicht sogleich überall einzuführen, sondern ihn zunächst einige Jahre hindurch in einigen Schulen und von mehreren Predigern beim Konfirmanden=Unterricht gebrauchen zu lassen.

Am 2. März 1824 bestimmte Vizepräsident Möller, daß die beiden Generalsuperintendenten im Verein mit Kirchenrath Schellenberg den Katechismus gemeinschaftlich ausarbeiten sollten, und zwar nach den Grundsätzen der nassauischen Kirchenvereinigung. Die Generalsuperintendenten verspürten keine große Lust, selbst Gieße nicht, er schrieb am 25. September 1827, die Zeit zur Ausarbeitung sei die ungeeignetste, wegen des öffentlichen Streites zwischen und über Rationalismus und Supranaturalismus. Schulrath Schellenberg, der in der Verschiedenheit der Katechismen ein großes Hinderniß der religiösen Bildung der nassauischen Schuljugend erblickte, drängte zur Eile für die Abfassung dieses „Bekenntnißbuches", wie er es nannte.\*\*) Am 31. November 1828 erklärt Müller endlich, er werde nunmehr Bickels Spruchbuch zu einem Katechismus ausarbeiten. Schellenberg ist damit einverstanden. Das Ministerium indessen erwidert darauf unterm 16. Dezember desselben Jahres: „Das Anerbieten des Bischofs

---

\*) Die Berichte tragen das Praesentatum vom 8. 9. 22 u. 10. 8. 23. Firnhaber, Seite 143.

\*\*) Vergl. Firnhaber, Seite 140 u. 149.

(vergl. Seite 39) habe den Anstand, daß dann derjenige, welcher zur letzten Durchsicht und Censur berufen sei, selbst Schöpfer der Arbeit werde. Deshalb möchten drei bis vier vom Bischofe vorzuschlagende Geistliche aufgefordert werden, binnen längstens einem Vierteljahre ihre Ansicht über die Bearbeitung eines im Herzogthum allgemein einzuführenden evangelischen Katechismus motivirt vorzulegen. Einer derselben solle dann nach Prüfung der abgegebenen Gutachten mit der weiteren Ausarbeitung beauftragt werden. Müller schlägt endlich am 15. Februar 1829 die Pfarrer Kirchenrath Hildebrand-Usingen, Schulinspektor Gieße-Flacht und Schulinspektor Hofkaplan Wilhelmi-Wiesbaden vor, von denen die beiden letztern frühere Reformirte waren. Am 20. August ist Müller im stande, die drei Gutachten vorzulegen. Wilhelmi wird für die Ausarbeitung des Katechismus für am geeignetsten erklärt. Schellenberg giebt nun am 27. August sein offizielles Gutachten über den bischöflichen Bericht ab. Geheimrath Vigelius sendet darauf namens der Regierung am 4. September dem Bischof die drei Gutachten nebst einer Abschrift der Schellenberg'schen zurück, mit dem Auftrage, Wilhelmi die Ausarbeitung zu übertragen und die Sache möglichst zu beschleunigen, damit höchsten Orts Vorlage gemacht werden könne.

Am 31. Mai 1830 liefert Wilhelmi seine Arbeit an Müller ab, dieser sendet sie am 5. August mit lobender Censur — der Katechismus sei mit Umsicht und steter Rücksicht auf die Bedürfnisse der Zeit abgefaßt — an die Regierung und beantragt für Wilhelmi den Titel „Kirchenrath". Der Herzog genehmigt darauf die Einführung dieses Religionsbuches und verleiht Wilhelmi den Charakter „Kirchenrath", als Beweis seiner höchsten Zufriedenheit.

Vor Inangriffnahme seines Buches hatte Wilhelmi seine Ansicht über die weitere Gültigkeit der reformatorischen Bekenntnißschriften ausgesprochen, und Müller hatte ihm zugestimmt. Er stünde im Widerspruch mit den Hauptlehren der Augsburgischen Konfession, über die Dreieinigkeit, die Gottheit Christi, den Heiligen Geist, über die Erbsünde, die stellvertretende Sündenbüßung Christi, die Wiedergeburt, das heilige Abendmahl, ebenso könne er sich zu den Sätzen des Apostolikums nicht bekennen. Denn nach ihm sei Jesus nur ein Mensch, gleich wie wir. Er werde nur deshalb Gottes Sohn genannt, weil er in engster Verbindung mit Gott gestanden habe, eine Auferstehung des Fleisches gäbe es nicht. Der Leib löse sich im Tode auf, der Geist dagegen sei unsterblich und erhalte einen neuen Leib, die heilige Taufe sei die feierliche Handlung, bei der ein Mensch auf das Bekenntniß des Vaters, des Sohnes und des Heiligen Geistes mit Wasser begossen würde. — Auf Grund dieses „Bekenntnisses" wissen wir schon den ganzen Inhalt des Katechismus.

Derselbe wurde nun durch eine Verfügung der Regierung vom 4. Juni 1831 — Schuldezernent war an Stelle Schellenbergs jetzt Metzler — zur Einführung befohlen. Sie giebt folgendes zur Nachachtung:

1) Bis zum Eintritt*) in die 3. Klasse der Elementarschule, mithin ungefähr (in der Regel) bis zum 10. Lebensjahre der Kinder, genügt der allgemeine Religionsunterricht (simultaner für Katholiken und Protestanten gemeinsam**) und das fleißige Benutzen der biblischen Geschichte. Die Schüler der 3. Klasse werden denn allmählich mit den Lehren des Christenthums im Zusammenhange bekannt gemacht, so daß sie anfangs nur die Hauptsprüche nach vorhergegangener Erklärung ins Gedächtniß fassen, später aber nach und nach alle Sprüche auswendig lernen und zugleich die Antworten, wenigstens dem Sinne nach, auffassen müssen, so daß sie mithin im 14. Lebensjahre mit dem Inhalt des Buchs vollkommen vertraut sind. Unfähige Schüler sind, wie bei allen Unterrichtsgegenständen und hier besonders, mit Nachsicht zu behandeln, damit ihnen nicht der Religionsunterricht zuwider werde.

2) Wenn Geistliche es vorziehen, den Konfirmanden-Unterricht nach einem eigenen Leitfaden zu ertheilen, so sind sie daran nicht gehindert. Allein zum konfessionellen Religionsunterricht in der Schule muß der Katechismus genommen werden, damit das Buch besonders in den letzten Schuljahren seinen Zweck vollkommen erreiche.

Die Folge der zweiten Position war, daß theilweise der Schul- und Konfirmations-Unterricht nach verschiedenen Leitfäden ertheilt wurde, daß verschiedene Geistliche im letzteren lieber die symbolischen Katechismen, besonders den lutherischen, in Gebrauch nahmen, ja, daß letzterer sogar den „Landeskatechismus" in den Schulen wieder verdrängte, wozu die kirchliche Oberbehörde stillschwieg, bis für die Schulen der neue 1889 herausgegebene Katechismus der Bezirkssynode Wiesbaden eine theilweise Aenderung bewirkte.

*) Firnhaber, Seite 163, vergl. auch Seite 142 ebenda.
**) Vergl. auch darüber Firnhaber, Seite 131 ff., sowie auch Seite 106 besonders.

Wir kommen nun zum Katechismus selbst. Er führt den Titel „Evangelisch-christlicher Landes-Katechismus für Nassau".*) Er enthält eine Einleitung, drei Hauptstücke und einen Anhang. Das erste behandelt in fünf Abschnitten die Lehre vom christlichen Glauben, das zweite in dreien, wovon der zweite wieder vier Unterabtheilungen hat, die Lehre vom christlichen Leben, und das dritte die Lehre von den letzten Erwartungen des Christen. Im Anhange stehen die zehn Gebote nach reformirter Auffassung, das apostolische Glaubensbekenntniß, das Gebet des Herrn, die Einsetzung der heiligen Taufe und des heiligen Abendmahles, ferner eine kurze Geschichte der christlichen Kirche, und die Eintheilung des Kirchenjahres. Wir geben nun einige Proben aus dem „Landeskatechismus" von 1831:

Seite 1, Nr. 2. Was verstehen wir unter der Heiligen Schrift oder Bibel? — Wir verstehen darunter das Buch, welches außerordentliche Offenbarungen enthält, die Gott den Menschen vor Jesu durch heilige Männer, Moses und die Propheten, sowie später durch Jesum und seine Schüler, die Evangelisten und Apostel, ertheilt hat.

Seite 4, Nr. 1. Was heißt Glauben? — Glauben heißt: aus überzeugenden Gründen etwas für wahr halten, ob man es gleich mit seinen Sinnen nicht wahrnehmen kann.

Seite 20, Nr. 49. Wie entsteht die Sünde? — Der Keim zur Sünde liegt in dem Herzen des Menschen und wird durch äußere Umstände hervorgelockt.

Seite 21, Nr. 53. Was giebt dem Menschen Kraft, die Versuchung zur Sünde zu überwinden? — Der feste Wille und das Vertrauen auf Gottes Hilfe.

Seite 21, Nr. 54. Was ist die unausbleibliche Wirkung der Sünde? — Der Mensch verdunkelt durch die Sünde das Ebenbild Gottes in sich und macht sich schuldig und strafbar vor Gott.

Seite 22, Nr. 56. Ist die Schuld und Strafbarkeit vor Gott die einzige traurige Folge der Sünde? — Nein; der Sünder verliert immer mehr die Zufriedenheit mit sich selbst; die Kraft zum Guten wird immer schwächer in ihm; und außer den Vorwürfen des Gewissens trifft ihn auch in den meisten Fällen leibliches Elend von mancherlei Art, welches er dann als eine gerechte Strafe Gottes ansehen muß.

---

*) Der im Jahre 1889 herausgegebene neue führt den Titel „Evangelischer Katechismus". cf. auch Seite 24.

Seite 23, Nr. 57. Kann der Mensch aus diesem elenden Zustande der Verschuldung und Strafbarkeit vor Gott sich selbst erlösen? — Nein; er würde verloren sein, wenn nicht Gott sich seiner erbarmt hätte, und ihm seine Hilfe schenkte, zurückzukehren zur Wahrheit und Seligkeit.

Seite 24, Nr. 60. Was hat Gott darum (nämlich, damit sie selig würden) auch für alle Menschen gethan? — Gott hat allen Menschen sein Gesetz ins Herz geschrieben; er treibt uns an und warnt durch des Gewissens Stimme. Auch hat er unter allen Völkern Männer erweckt, die mit Ernst und Kraft zur Erleuchtung und Besserung ihrer Zeitgenossen wirkten.

Seite 25, Nr. 63. Was lehrt die heilige Schrift von der Person Jesu? — Er war nach der Lehre der Heiligen Schrift ein Mensch gleich wie wir, stand aber in der engsten Verbindung mit Gott, weshalb er Gottes Sohn genannt wird.

Seite 29, Nr. 71. Was verdanken wir dem Beispiele Jesu Christi? — Durch sein Beispiel hat uns Jesus Christus gezeigt, bis zu welchem Grade der Vollkommenheit und der Gottähnlichkeit es der Mensch durch Weisheit und Tugend hier auf Erden bringen kann, und welche Kraft uns dazu stärken soll.

Seite 33, Nr. 80. Was verstehen wir unter dem Heiligen Geiste? — Unter dem Heiligen Geiste verstehen wir den Geist Gottes oder Gott selbst, insofern er zur Erhaltung und Ausbreitung alles dessen wirkt, wodurch sein Reich und die Seligkeit der Menschen befördert wird.

Seite 34, Nr. 87. Was ist die heilige Taufe? — Die heilige Taufe ist die feierliche Handlung, bei welcher ein Mensch im Namen, das heißt auf das Bekenntniß des Vaters, des Sohnes und des Heiligen Geistes mit Wasser begossen und dadurch in die Gemeinschaft Jesu Christi und seiner Kirche aufgenommen wird.

Seite 36, Nr. 91. Was ist das heilige Abendmahl? — Es ist das Mahl, welches Jesus Christus am Abend vor seinem Tode eingesetzt hat, um das Andenken an seine Erscheinung auf Erden, insbesondere an seinen heilbringenden Tod, und den frohen Glauben an seine immerwährende Nähe unter allen seinen Bekennern lebendig zu erhalten.

Seite 36, Nr. 94. Welches sind die inneren Segnungen desselben? — Wir fühlen uns dadurch aufs innigste mit unserem Heilande vereinigt. Die Theilnahme an dem ganzen Segen der Erlösung wird uns bestätigt. Wir werden gestärkt im Glauben und in der Liebe.

Seite 43, Nr. 10. Wie wird in der Heiligen Schrift diese Sinnesänderung, diese Umwandlung des Menschen durch Buße genannt? — Sie wird in der Heiligen Schrift genannt eine Wiedergeburt, eine Erneuerung des Menschen zum Ebenbilde Gottes, ein Ablegen des alten und Anziehen des neuen Menschen.

Seite 62, Nr. 68. Worin besteht unsere geistliche Wohlfahrt? — Sie besteht in der richtigen Erkenntniß nützlicher und heilsamer Wahrheiten, in guten Gesinnungen und Neigungen des Herzens und in dem Beifall Gottes und unseres Gewissens.

Seite 82, Nr. 122. Wie können wir zur Erhaltung und Beförderung ihres Seelenwohles beitragen? — Indem wir uns bestreben, sie immer weiser und einsichtsvoller zu machen; indem wir sie durch Wort und Beispiel im Guten stärken, und wenn sie von dem rechten Wege abgekommen sind, wieder auf denselben hinzuleiten suchen.

Seite 105, Nr. 182. Warum heißt sie (nämlich die Heimathliche Landeskirche) die evangelisch-christliche? — Weil wir die Heilige Schrift und besonders das Evangelium zur einzigen Richtschnur unseres Glaubens und Lebens machen, dagegen alle Ueberlieferungen und Menschensatzungen, welche mit den evangelischen Grundsätzen nicht übereinstimmen, verwerfen.

Seite 126, Nr. 18. Was verstehen wir unter der Auferstehung des Leibes? — Der Geist soll wieder einen Leib erhalten, durch welchen er empfinden und wirken kann, und der mit dem gegenwärtigen in einem Verhältniß steht, das wir jetzt noch nicht völlig begreifen können.

Wir verzichten darauf, an diesem Katechismus Kritik zu üben. Es hieße Eulen nach Athen tragen. Das Gericht ist bereits über ihn ergangen. Der freilich auf Kosten der Einheitlichkeit entstandene neue „evangelische Katechismus" ist wenigstens etwas positiver. —

Es schien, als wenn nunmehr auf immer alles Lutherthum in Nassau begraben sei. — Da erwachte plötzlich auf unerwarteter Seite die Werthschätzung der lutherischen Kirche, und gab von hier aus den Anlaß und Aufruf zum Kampf um die Wiederherstellung der verlorenen Wahrheit und der Kirche deutscher Reformation.

## IV.

Lag zur Zeit der Union alles in tiefem Schlafe, trotz der Erweckung, die durch die Freiheitskriege in Deutschland hervorgerufen wurde; — denn sie war ein schnell auflodernded, aber ebenso schnell auch wieder verschwindendes Feuer, das zum Theil nur eine unklare politisch-religiöse Begeisterung hervorrief — war's auch in Nassau alles still und friedlich wie auf einem Todtenhof, so zeigten sich in den dreißiger Jahren hier und da einige geistliche Regungen, die man Erweckungen nennt, und die, so unklar und ungesund sie auch theilweise waren, doch als Anfänge der Wiedererweckung des geistlichen Lebens nicht ohne Freude zu betrachten sind. „Das meiste Aufsehen," so berichtet der ungenannte Verfasser einer im hiesigen lutherischen Pfarrarchiv vorhandenen handschriftlichen „Geschichte der lutherischen Kirche in Nassau" (seit Einführung der Union; höchstwahrscheinlich ist Pfarrer Hein der Verfasser), „machte in dieser Zeit ein Bergmann (namens Herbel) in einem kleinen Städtchen an der Lahn. Aus dem Sündenschlafe aufgewacht, fing er an, mit einigen anderen im Worte Gottes und in sonstigen Erbauungsschriften seine geistliche Nahrung zu suchen. Es sammelte sich bald ein größerer Kreis um ihn. Aber jetzt zeigte sich auch die noch vorhandene Unlauterkeit und der Mangel rechter Erkenntniß und kirchlicher Gemeinschaft." Herbel verfiel bald in geistlichen Hochmuth, hielt sich für einen von Gott gesandten Propheten, gab Gesichte und Erscheinungen vor und predigte öffentlich vor hunderten von Zuhörern. Keine Drohungen der Obrigkeit vermochten ihn einzuschüchtern, kein Gefängniß ihn mürbe zu machen. Doch sein geistlicher Hochmuth brachte ihn ins Irrenhaus, in welchem er starb.

„So unlauter auch," bemerkt der ungenannte Geschichtsschreiber, „das Wesen der Herbel'schen Versammlung sein mochte, so ist doch gewiß, daß sie aus einem Suchen nach Wahrheit hervorging, und ebenso gewiß ist, daß durch Herbel immerhin einige Seelen aus dem Schlummer des geistlichen Todes erweckt worden sind, die dann auch später der lutherischen Kirche sich angeschlossen haben."

Oasen in der Wüste, rechte Erquickungsorte waren auch die, damals glücklicherweise noch nicht dem Rationalismus verfallenen Versammlungen der Brüdergemeinden, deren Mittelpunkt hier die Brüdergemeinde zu Neuwied war. Reiseprediger kamen von dort und brachten den Hungernden das Brot des Lebens.

„Fehlte gleichwohl auch bei diesen Versammlungen," sagt der erwähnte Historiker, „noch die rechte Erkenntniß der göttlichen Gnaden- und Heilsordnung, so war doch die Lehre von der Gerechtigkeit im Blute des Lammes bei ihnen allgemein anerkannt. Ihre herzliche brüderliche Gemeinschaft, der feierliche Ernst gegenüber dem Worte Gottes, die Andacht und Inbrunst in ihren Erbauungsstunden zeugten gewaltig gegenüber einem gottentfremdeten Geschlechte, das sie dafür mit mannigfachem Spott und Verfolgung beehrte, und nicht anders, als Frömmler, Heilige, Betbrüder ꝛc. zu benennen pflegte. Wir haben deshalb Ursache, in diesen Versammlungen das Morgenroth einer besseren Zukunft, die Vorboten des kommenden Frühlingstages der lutherischen Kirche zu sehen."

„So war denn," fährt derselbe fort, „manche Seele aus dem Sündenschlafe wieder aufgewacht, mancher Hausvater sprach mit Josua: ‚Ich und mein Haus, wir wollen dem Herrn dienen,' manches Gebet über den Schaden Josephs und voll Sehnsucht und Verlangen, daß der Herr das Gefängniß Zions wenden und sein gefangen Volk erlösen möchte, drang wieder aus dem Staube zum Himmel empor. Und der Herr, der sich so gern finden läßt, von denen, die ihn suchen, sandte seine Hilfe aus Zion und seine Rechte aus Jakob." —

Im Jahre 1843 hatte Friedrich Brunn die Stelle eines Kaplans in dem Lahnstädtchen Runkel angetreten. Er hatte in Leipzig studirt und war dort mit dem Missionsdirektor Graul bekannt geworden. Durch ihn hatte er, von Haus aus reformirt, die lutherische Kirche und ihre Lehre kennen und schätzen gelernt, und war der Ueberzeugung geworden, daß die lutherischen Bekenntnißschriften nichts wider Gottes Wort enthielten, daß sie vielmehr die einzig schriftgemäßen wären, und die lutherische Kirche, als Kirche reinen Worts und Sakraments, die wahre Kirche Jesu Christi sei. Noch aber war er nicht soweit in der Erkenntniß der Wahrheit gekommen, daß ihm die Annahme eines Pfarramtes in einer unirten Kirche, ja in einer früher reformirten Gemeinde zur Unmöglichkeit geworden wäre. Schriftgemäß wollte er lehren, dies durfte er auch seiner Ordinationsverpflichtung gemäß, und das bedeutete für ihn lutherisch, lehren. Das „Ziehet nicht an einem Joch mit den Ungläubigen" hatte er noch nicht tief genug ergriffen, die Liebe zu der Kirche deutscher Reformation hieß ihn noch nicht für ihre Wiederherstellung alles einsetzen. Seine Wirksamkeit war von Anfang an eine reich gesegnete, seine Predigten und Bibelstunden waren gut besuchte, wieder nach langer Zeit suchten die Hausväter ihre Bibeln und Gebetbücher hervor, der Wirthshausbesuch nahm merklich ab, in den Häusern wurden wieder Morgen- und Abendandachten gehalten, weltliche Lustbarkeiten wurden gemieden. In den Häusern hin und her, ja auf den Feldern und Fluren rings umher, erklangen Psalmen und geistliche, liebliche Lieder zu Gottes Ehren. Der Spott und Hohn der Welt und ihrer Kinder blieb nicht aus, namentlich nicht, als Brunn und 32 Familien im Amt Runkel 1846 ihren Austritt aus der „evangelisch-christlichen" Landeskirche erklärten und eine evangelisch-lutherische Gemeinde bildeten. In ihrem Gesuch an die Regierung führten sie aus, daß nur der lutherische Glaube, wie jeder Blick in die Augustana (die Augsburgische Konfession), zeige,*) der in der Kirche Christi allein und ausschließlich berechtigte und von Gott gebotene sei. Zu dem wollten sie jetzt übertreten. Dies Gesuch war datirt vom 6. Juli 1846.**)

„Das herzogliche Staatsministerium," so berichtet unser Gewährsmann, „suchte die Sache gütlich beizulegen und scheute keine Versprechungen. Dann, als Güte nicht half, versuchte man es mit Gewalt. Kaplan Brunn erhielt seine Entlassung zugleich mit dem Befehl des Landesherrn selbst, bei Vermeidung der Verhaftung, den ganzen Amtsbezirk innerhalb 24 Stunden zu verlassen und ohne höhere Erlaubniß nicht wieder zu betreten. An die ausgetretenen Gemeindeglieder (deren Mehrzahl der Filialgemeinde von Runkel, Steeden angehörte), wurde von Wiesbaden der jetzige Landesbischof Wilhelmi geschickt, ihnen die Sache auszureden und die Nichtwillfahrung derselben kurz und gut zu eröffnen. Sie ließen sich indessen wenig einschüchtern, vielmehr traf es sich gerade so, daß sie an demselben Tage das einstweilen schon gekaufte Holz zum Bau der neuen Kirche und Pfarrwohnung herbeifuhren.

Für Brunn waren indessen die 24 Stunden, die er sich nur im Runkeler Amtsbezirke aufhalten durfte, schnell verflossen. Er reiste aufs Dresdener Missionsfest und genoß dort im Kreise gleichgesinnter Amtsbrüder reichen Trost und Stärkung. Er kehrte über Erfurt zurück und empfing dort von Pastor Wermelskirch die Bestätigung seiner Ordination und die Verpflichtung auf die lutherischen Symbole, zugleich wurde das Nöthige in betreff des Anschlusses an die preußische lutherische Kirche besprochen." Mit

---

*) Vergl. dazu Firnhaber, Seite 280.
**) Notiz der handschriftlichen Darstellung.

dem Anschluß an dieselbe war für die restituirte lutherische Kirche in Nassau auch die Annahme der Konkordienformel verbunden. Bei seiner Rückkehr nach Steeden zeigte Brunn nun seiner Regierung an, daß er zurückgekehrt sei und für sich und seine Konfitenten das Recht völliger Glaubens- und Gewissensfreiheit, wie solche in der nassauischen Verfassung allen Staatsbürgern garantirt sei, in Anspruch nehme, er werde demnach bei seiner Gemeinde als deren Seelsorger verharren. Er siedelte darauf mit seiner Familie nach Steeden über und empfing nach kaum vollzogener Uebersiedelung den erneuten Befehl der Ausweisung. Der Gottesdienst wurde polizeilich verboten, und er konnte nur hin und wieder als Flüchtling bei Nachtzeit den Steedener Bezirk betreten. Tag und Nacht fahndete die Polizei auf ihn. Im nächsten Jahre traten einige Monate der Ruhe ein. Als aber die Landstände, an die sich die Gemeinde mit der Bitte um Duldung — nach vergeblichen Versuchen bei der Regierung und dem Herzog — gewandt hatte, fast einstimmig (bis auf 4 Katholiken) für die gewaltsame Unterdrückung und Verfolgung der Lutheraner entschieden hatten, brachen die Stürme der Drangsal von neuem über die Bekenner der evangelischen Wahrheit mit vermehrter Gewalt los. Pastor Brunn wurde wegen Vornahme pfarramtlicher Handlungen zu einer Geldstrafe verurtheilt und hatte binnen 8 Tagen Steeden zu verlassen. Der Gemeinde wurden Auspfändung und Gefängnißstrafen angedroht. Brunn folgte der Einladung eines christlichen Freundes in Preußen und bediente von dort aus seine arg bedrückte Gemeinde. Als es ihm die politischen Ereignisse des Jahres 1848 ermöglichten, nach Steeden zurückzukehren, hatte er unter dem Ingrimm seiner Feinde noch übel zu leiden. Doch gab der Frühling desselben Jahres schon die ersehnte Religionsfreiheit. Am Himmelfahrtsfeste 1849 wurde die lutherische Kirche in Steeden eingeweiht. Als Festprediger war Pastor Rubel von der Saar erschienen.

Bis zum Jahre 1850 war nun Steeden die einzige lutherische Gemeinde in Nassau, in diesem Jahre kamen zwei neue Gemeinden hinzu, Usingen und Gemünden.

Im Amtsbezirk Usingen hatten sich schon 1847 einige Familien der lutherischen Kirche angeschlossen. Am Reformationsfest des Jahres 1849 hielt Pastor Brunn dort einen Gottesdienst, zu dem eine große Menge von allen Seiten des Kreises herbeigeeilt war. „Um den Leuten zur Klarheit zu verhelfen," so berichtet die anonyme Urkunde, „schrieb Pastor Brunn ein kleines

Schriftchen über den Austritt aus der evangelischen Landeskirche. An vielen Orten wurde hierdurch die kirchliche Frage angeregt." Die Bewegung nahm einen solchen Umfang an, daß ein eigener Geistlicher für die Uebergetretenen in Aussicht genommen werden mußte. Löhe, der die lutherische Bewegung in Nassau mit freudigem Interesse verfolgte, fand in der Person des Kandidaten Ebert aus Sachsen einen Hirten für diese Gemeinden. Er wurde am 13. Oktober von Löhe ordinirt und am 16. von Brunn in sein Amt zu Anspach eingeführt.

Hier beginnt nun die im Jahre 1870 bei Burger in Bayreuth gedruckte, von C. H. Müller verfaßte Geschichte der Gemündener Gemeinde. Lassen wir ihn hier erzählen.

„Zu Anfang des Jahres 1850 hatte der lutherische Pfarrer Brunn in Steeden, damals noch der einzige im nassauischen Lande, ein kleines Schriftchen unter dem Titel: „Kann ein rechtschaffener evangelischer Christ in der nassauischen evangelischen Landeskirche bleiben?" im Druck erscheinen lassen. Es sollte dies Schriftchen den vielen Fragen nach der lutherischen Kirche, die besonders im Süden des Landes laut geworden waren, begegnen, und es wurde durch Gottes Gnade vielen zum Führer in die verlassene und vergessene kirchliche Heimath, nicht blos im Süden, sondern auch im Norden unseres Landes. Eine Dienstmagd brachte dies Schriftchen in ihren Heimathsort Gemünden, ein ziemlich großes Dorf am Fuße des Westerwaldes. Hier hatte man bis dahin noch nichts von der in Nassau wiedererstandenen lutherischen Kirche gehört, wohl aber hatten sich, besonders unter den älteren Leuten mehr Erinnerungen an die durch die Union im Jahre 1817 zu Grabe getragene lutherische Kirche erhalten, als an anderen Orten unseres Vaterlandes. Denn länger, als in den übrigen Theilen Nassaus, waren in der Grafschaft Westerburg, zu welcher Gemünden gehört, der Katechismus Luthers mit einer trefflichen Erklärung, sowie das alte Marburger Gesangbuch in allgemeinem Gebrauch. Auch war es im Dorfe bekannt, daß der verstorbene Pfarrer W. im Jahre 1817 seine Bedenken gegen die Union mehrfach geäußert und sich nur mit Widerstreben den Anordnungen von oben gefügt hatte. Jenes Schriftchen wurde deshalb mit Freuden begrüßt und fleißig gelesen, von einem Haus wanderte es ins andere, und eine mächtige Bewegung entstand im ganzen Dorfe. Diese Bewegung gab sich den schönsten Ausdruck in einem Schreiben an Pfarrer Brunn, welches denselben im Namen vieler nach Gemünden einlud." Dies Schreiben nun überbrachten im Juni dieses Jahres zwei Gemündener dem Pastor Brunn nach Steeden, ihm erzählend, welche Bewegung dort durch seine Schrift entstanden war. Wir theilen es in Nachstehendem mit:

„Ew. Hochehrwürden! Ich erkühne mich, ein paar Zeilen an Sie zu schreiben. Es ist mir sehr erfreulich, daß in unserem Lande sich doch noch ein Moses gefunden hat, der sich um den Schaden Israels bekümmert. Ich möchte es herzlich wünschen, wenn es auch schnell bei uns eingeführt wäre. Ich war in einem Alter von 27 Jahren, als die verzweifelte Religion geschmiedet worden. Ich habe nun in 33 Jahren das heilige Abendmahl nicht mehr nach altem lutherischen Gebrauch und nach der ungeänderten Augsburgischen Konfession empfangen. Wie sehr wünschte ich Sie auch einmal bei uns zu sehen. Wir warten mit Sehnsucht auf die Erlösung von dem Zweifel zu kommen. Der Herr hat Ihnen eine große Thür aufgethan, und es sind auch viel Widerwärtige da. Geben Sie nicht auf, dieses Werk zu fördern, der Herr wird Ihnen helfen, weil es aus Gott ist. Ich empfehle mich Ihnen mit einem herzlichen Gruß und verbleibe Ihr getreuer Diener J. G. M."

Pastor Brunn versprach nun den beiden Sendboten, sobald ihn die Gelegenheit in die Nähe von Gemünden führte, zu ihnen zu kommen. Dies geschah am 20. Juni. Schon eine Viertelstunde vor dem Dorfe wurde er von etlichen Gemündenern in Empfang genommen und mit großer Freude ins Dorf geleitet. Hier sammelten sich alsbald mehrere Leute um ihn, mit denen er über die kirchlichen Verhältnisse sich unterhielt. Bald verbreitete sich die Nachricht von der Ankunft des lutherischen Pfarrers durchs ganze Dorf, und mit anbrechendem Abend hatte sich um denselben eine so große Menge versammelt, die das Verlangen hatten, Gottes Wort zu hören, daß man sich gezwungen fühlte, ins Freie zu gehen. Vor der Gemündener Stiftskirche, deren unirter Pfarrer im Bade weilte, stand bis zum Jahre 1866 eine nahezu tausendjährige Linde, unter derselben redete Brunn zu der versammelten Menge, die bis 10 Uhr begierig seinen Worten lauschte. Am nächsten Morgen bereits baten eine ziemlich große Zahl um Aufnahme in die wiedererstandene Kirche der Väter.

Am folgenden Sonntage, den 23. Juni, hielt Brunn noch einmal Gottesdienst unter der großen Linde. Eine große Menge lauschte seiner Predigt über das Evangelium des vierten Sonntages nach Trinitatis. Von Steeden waren etliche Lutheraner zum Besuche ihrer Glaubensgenossen herübergekommen. Man sang

Luthers Lied: „Ach Gott, vom Himmel sieh' darein". Die Zahl der Uebergetretenen war an diesem Tage auf 100 Familien angewachsen. Der Gottesdienst verlief ohne Störung.

Als Pfarrer Brunn vierzehn Tage darauf wieder in Gemünden erschien, zog er es vor, da die Behörde ein öffentliches Auftreten im Freien verboten hatte, in einem ziemlich geräumigen Hause zu sprechen. Der Andrang war auch hier sehr groß. Er wandte sich nun zunächst an die herbeigekommenen Fremden. Am Abend redete er zu den Gemeindegliedern, deren Zahl sich auf 153 Familien belief. Man bat ihn, doch für Entsendung eines Hirten Sorge zu tragen.

Indessen ruhte der Feind, dem große Macht und viele List eigen ist, nicht, sondern suchte durch allerhand Verleumdungen bei der weltlichen Obrigkeit der Bewegung entgegen zu wirken. Die Folge war, daß Pfarrer Brunn alle Amtshandlungen außerhalb Steedens untersagt wurden. Man gab an, die ganze Sache sei aus aufrührerischem Gelüste hervorgegangen, wobei es hauptsächlich auf eine Theilung des Kirchenvermögens abgesehen wäre.

Das nächste Mal wurde der Gottesdienst von Gendarmen unterbrochen. Nach einigen Wochen wurden denen, welche schriftlich ihren Austritt aus der Union und den Rücktritt in die verlassene Kirche deutscher Reformation angezeigt hatten, bekannt gegeben, daß eine derartige Anzeige nicht beachtet werden könne. Wer die Landeskirche zu verlassen beabsichtige, habe eine persönliche Erklärung vor dem unirten Kirchenvorstand abzugeben.\*) Man ging von seiten der Lutheraner hierauf ein. Sie drängten schließlich mit Ernst darauf.\*\*) Als am 16. August sich die unirten Kirchenvorsteher mit ihrem Pfarrer und dem hinzu beschiedenen Dekan in der Stiftskirche versammelten, erschienen 126 Familienväter und erklärten ihren Austritt aus der Unions-

---

\*) Siehe Anhang. Aktenstück Nr. 1.
\*\*) Siehe Anhang. Aktenstück Nr. 2, 3, 4 und 5.

kirche, ungeachtet dessen, daß derselbe, wie ihnen bedeutet wurde, den unvermeidlichen Verlust des Pfarr- und Kirchengutes in sich schloß. Die Kämpfe und Widerwärtigkeiten hatten zwar, wie auch der erwähnte Vorgang, die neugebildete Gemeinde — zu ihrem Besten — ein wenig gesichtet, aber auch den Verdacht, als hätten die Ausgetretenen nur eigennützige Absichten verfolgt, aufs Schlagendste widerlegt. Freilich blieb die amtliche Thätigkeit des Pastor Brunn noch immer auf Privatbesuche und Bibelstunden beschränkt. Nachdem die Gemeinde wiederholt um Duldung bei der Regierung vorstellig geworden war, erhielt sie endlich zum Bescheide, man wolle die 1848 gewährte Religionsfreiheit keines= wegs beschränken, man werde die Angelegenheit als „Polizeisache" behandeln. Kämen ausländische Geistliche dorthin, so hätten diese nur ihre Legitimationspapiere bei dem nächsten Polizeiamte ein= zureichen. Nun wurde in Gemünden auch wieder öffentlicher Gottesdienst gehalten, es wurde ein einigermaßen geräumiges Lokal gemiethet, und alles geordnet, was zum Bestehen der Ge= meinde nothwendig war.

Unterdessen hatte sich 1850 Kandibat Fronmüller, durch Löhe bewogen, bereit finden lassen, das Amt eines Hilfspfarrers an der Gemeinde zu übernehmen. Er stammte aus Bayern. Am 2. November trafen die Pastoren Brunn und Ebert mit dem neuen Hirten in Gemünden ein und wurden auf der Grenze der Gemarkung von den Männern der Gemeinde mit Gesang empfangen und ins Dorf geleitet.

Der nächste Tag war Ordinations= und Einführungstag. Daß es sich die übrigen im Lande zerstreuten Lutherauer nicht nehmen ließen, zu diesem Freudentage nach Gemünden zu eilen, um an der Brüder Freude theilzunehmen, ist selbstverständ= lich. Der enge beschränkte Raum konnte kaum die Hälfte der Versammlung fassen. Viele mußten vor der Thür und im Hof= raum bleiben. Die Ordination und Einführung vollzog Pfarrer Brunn unter Assistenz des Pastor Ebert.

„Mit diesem Tag," schreibt Müller, „begann für die junge Gemeinde eine neue Gnadenzeit. Das Wort Gottes wurde ihr nun reichlich am Sonntag und in der Woche gepredigt und mit großem Verlangen gehört, die zahlreiche Jugend fleißig im Kate= chismus unterrichtet und im Gesang geübt. Mit großer Lust lernten Junge und Alte zu den guten alten Kirchenliedern auch ihre schönen rythmischen Melodieen. Bei gar manchem zeigten sich auch die Früchte rechtschaffener Bekehrung. Frühere Trunkenbolde wurden nüchterne und mäßige Leute, anstatt ins Wirthshaus, eilten sie nun ins Gotteshaus, die, welche zuvor in Haber und Streit gelebt hatten, verbanden sich jetzt in herzlicher Liebe. Fast jeden Abend versammelten sich die Glieder der Gemeinde hin und her in den Häusern, Gottes Wort und das Singen geistlicher, lieblicher Lieder waren ihre Unterhaltung: Es waren die schönen Tage der ersten Liebe. Dabei fehlte es freilich auch an solchen nicht, denen die Zucht der Kirche zu hart dünkte, und die, weil sie von ihren alten Sünden nicht lassen wollten, entweder von selbst abfielen oder aus der Gemeinde mußten ausgeschlossen werden. Die Gemeinde im Ganzen lebte fröhlich ihres Glaubens, auch von außen unangefochten, so daß sie alle Vorbereitungen zum Bau eines Gotteshauses treffen konnte. Ein Bauplatz wurde gekauft, Steine, Holz, Kalk und Sand auf die Baustelle gefahren. Bereits hatte man auch einen Bauriß anfertigen lassen, aber als man nun im Jahre 1852 den Bau selbst zu beginnen dachte, da versagte die Obrigkeit die Genehmigung und eröffnete zugleich dem Pfarrer Fronmüller, daß er mit dem 1. Juli d. J. unfehlbar Gemünden zu verlassen habe. —

Damit begann eine lange schwere Prüfungszeit für die Gemeinde, nachdem sie kaum zwei Jahre im Frieden sich hatte bauen dürfen. Doch auch dann zeigt sich Gottes Treue, der seine Kinder nicht läßt über Vermögen versucht werden. Wäre der Sturm der Verfolgung, der nun losbrach, gleich von Anfang über die Gemeinde ergangen, es hätten gewiß nur wenige die Kraft gehabt, denselben zu ertragen."

Am 1. Juli verließ Fronmüller Gemünden und begab sich nach Steeden, wo er von allen Bekümmernissen und Aufregungen recht schlimm erkrankte. Allmählich erholte er sich und beschloß, sobald sein Gesundheitszustand es erlauben würde, auf einige Zeit in seine bayerische Heimath zurückzukehren. Bei den Akten befindet sich ein von Steeden an den Kirchenvorsteher Karl Kreckel unter dem 18. August 1852 gerichteter Brief, welcher lautet (gekürzt):

  Gnade und Friede sei mit Ihnen!
  Lieber Bruder und Diakonus!

Da der Herr meiner Gesundheit einigermaßen aufgeholfen hat, so habe ich beschlossen, morgen, wenn Gott will, abzureisen. Ich nehme durch diesen Brief weder von Ihnen noch von der Gemeinde Abschied, denn, wie Sie bereits wissen — ich werde wiederkehren (Jak. 4, 15!), sobald ich mich von meiner Krankheit erholt habe. Nur benachrichtigen wollte ich Sie über meine

Abreise und an diese Nachricht einige wenige Bemerkungen noch anschließen, soweit meine Kraft reicht. — Sollte ein Sterbefall vorkommen, so ist natürlich nicht darauf das Hauptaugenmerk zu richten, wie man die Beerdigung möglichst geziemend halte, sondern vielmehr darauf, wie dem Sterbenden der letzte Trost aus Gottes Wort zu theil werde. Die Erfahreneren werden sich wohl helfen können und einsehen, daß die allerreichste Erquickung für Sterbende aus des Herrn Jesu Leiden genommen wird, und daß neben Sterbegebeten und Sterbeliedern Gebete und Lieder von der Passion unseres Herrn Jesu Christi an Kranken- und Sterbebetten einen gar passenden Platz finden. Es ist natürlich, daß bei der Abwesenheit eines Seelsorgers die einzelnen Seelen (welche überhaupt für sich sorgen lassen wollten), wie in ihrem Leben, so in ihrer Todesnoth, wenn sie käme, ihren Blick um so selbständiger und getroster zum Herrn aufrichten müssen, um gerade in der Zeit der Entbehrung stark zu werden am inwendigen Menschen und zum vollkommenen Mannesalter zu reifen. Fehlt gleich der Seelsorger, so gehe doch nie die Gemeinschaft der Heiligen in der eigenen Gemeinde verloren, und sind die Seelen vom Seelsorger weg mehr auf sich gewiesen, so werde um so freudiger gemeinschaftliche und einsame (im Kämmerlein, wie der Herr sagt) Fürbitte als eine starke Schutz- und Trutzwaffe ergriffen für Leben und Sterben. Darum ermahne ich, besonders an Kranken- und Sterbebetten der Gemeinschaft zu pflegen und Trost und Stärkung mitzutheilen nach der Gabe, welche der Heilige Geist darreicht. — ... Brauchen Sie in irgend einer Sache Rath, so weise ich Sie an Herrn Pfarrer Brunn, so lange er hier ist. Zur Zeit seiner Reise und seines Aufenthalts in Breslau wenden Sie sich geradezu schriftlich an mich: p. adr. an den ev.-luth. Geistlichen Joh. Fronmüller in Fürth (Schwabacherstraße), Mittelfranken, Kgr. Bayern. Einen Brief über den, so Gott will, glücklichen Ausgang meiner Reise werde ich recht bald hierher schreiben oder schreiben lassen. ... Ich erinnere daran, daß die Besuche in Steeden ja nicht ausgesetzt werden, weil ich nun einige Wochen fort bin; sondern daß Sonntag für Sonntag ein bescheidenes Häuflein solcher, welche marschiren können, zum Sakrament und zur Predigt hierher pilgern sollen. — Alle bitte ich, bei der größten Zuversicht und Freudigkeit des Glaubens, doch recht vorsichtig in Ausdrücken u. s. w. zu sein. Es ist bereits hier, obgleich ich nun im Bette liege, von der Polizei im Auftrage des Kreisamts zu Limburg nach mir

gefragt worden. Ich muß auf dem Kreisamt verrathen worden
sein und zwar nicht von hier, sondern wie ich vermuthe, von
Runkel aus. Der in Runkel aber empfängt seine Mittheilungen
aus Gemünden. — Ich grüße Sie auf baldiges Wiedersehen.
Grüßen Sie in der Gemeinde hin und her von mir. Der Friede
Gottes sei mit Ihnen, Ihrer Frau, Ihrer Mutter und Ihren
Kindern! In herzlicher Liebe Ihr treuer
                                           Johannes Fronmüller.

In einem Briefe vom 7. Oktober 1852 theilt er demselben
Vorsteher mit, daß seine Gesundheit durch Gottes Gnade so wesent=
lich sich gebessert habe, daß er hoffe, am 24. Oktober in Steeden zu sein, von wo er nach Gemünden zu kom= men gedenke. „Er schenke uns," schreibt er am Schluß dieses Brie= fes, „ein fröhliches Wiedersehen und lasse uns über seine Gnade und den herrlichen Trost Seiner Wahrheit gerne übersehen das kleine, zeitliche Un= gemach, unter dem wir leiden. Wahr hat der heilige Paulus gesagt: ‚Denn ich halte es dafür, daß dieser Zeit Leiden der Herrlichkeit nicht werth sei, die an uns soll geoffen= bart werden' (Rö= mer 8, 18). Der Friede unseres Herrn Jesu Christi sei mit uns. Amen!"

In dem Ver=
kehr mit seiner Gemeinde war die äußerste Vorsicht geboten, des=
halb durften es nur wenige stets erfahren, wann ihr Hirte heim=
lich, oft zur Nachtzeit, unter ihnen weilte, um seines Amtes zu
warten.*) In den Briefen aus dem Jahre 1853, die er durch
einen zuverlässigen Boten seinem treuen Vorsteher zugehen ließ,
nennt er meist nicht seinen Aufenthaltsort, auch nicht, wo er
seinen Brief empfangen habe, er selbst nennt sich unterschriftlich
Johannes Meno. Im März dieses Jahres wohnte er der Ein=
führung seines Freundes, des Pastor Ebert, in Köln bei. Zuvor
aber wollte er noch die Taufe eines Gemündener Kindes verrichten.
„Bis gegen 9 Uhr," schreibt er, „werde ich in Hadamar sein.

---

*) Siehe Anhang Nr. 6 und folgende.

Warten Sie vor Habamar (gegen Zeuzheim zu) auf mich. Sie führen mich dann in ein sicheres Haus; sollte ich das Kind nicht im Geburtshaus taufen können, so lassen Sie's in ein anderes tragen. Kann's überhaupt nicht im Ort getauft werden, so taufe ich's außerhalb des Ortes..." Ende März, den 22., schreibt er an denselben, er würde demnächst in Wiesbaden predigen und darauf nach Gemünden kommen. Briefe an ihn seien bis Sonntag, den 3. April, nach Wiesbaden an Sekretär Brunn (wo er am 2. eintraf), von da an Schuhmachermeister Loß nach Friedrichsdorf bei Homburg von der Höhe zu senden; am Sonntage Misericordias Domini, den 10., und Jubilate, den 17. April, wolle er in Köln sein. Von dort gedenke er gegen Mitte der Woche nach Gemünden zu kommen und am Sonntag Cantate, den 24. d. M., in Steeden zu predigen. Wahrscheinlich käme er von Wehrheim her. „Es hat mir," schreibt er in seinem Briefe von Wiesbaden am 2. April, „gar manchmal die Freude, welche ich sonst in Köln hatte, getrübt, daß ich in der eigenen Gemeinde nicht predigen konnte, sondern draußen in der Fremde umherziehen mußte.... Ich wünsche, daß die Gemeinde einen recht großen Ostersegen gehabt habe, daß die Männer so eifrig werden, wie Petrus und Johannes, welche zum Grabe hinausliefen, und die Weiber so treu im Glauben und in der Liebe zu unserm Herrn Jesu Christo wie Magdalena und die anderen. — Die Kinder sollen aber fleißig lernen ihren Katechismus und Lieder, die Heilige Schrift lesen, im Singen wacker sein und sich in allen Stücken so betragen, wie sich's für Christenkinder ziemt...."

Unterwegs nun, wahrscheinlich in der Nähe von Wehrheim, wurde er arretirt und ins Gefängniß nach Jdstein und von da nach Usingen transportirt. Darüber giebt ein Brief eines Kirberger Lutheraners, Karl Bernhard, an Vorsteher Kreckel vom 20. April 1853 und ein solcher von Fronmüller selbst aus Frankfurt am Main vom 22. dieses Monats Auskunft.

„Da ich," so schreibt der Erstgenannte, „unserm Bruder Laiker versprochen habe, auch, soviel ich kann, Nachricht von unserm lieben Herrn Pfarrer Fronmüller zu geben, so will ich auch, soviel ich von der Philippine Hofmann von Bauerbach erfahren habe, mittheilen. Sie ist nämlich in Jdstein bei ihm gewesen und hat ihn recht froh und glaubensfreudig gefunden, sie hat nämlich gewartet, bis der Bote von Wehrheim zurückkam. Dieser brachte von dort vom Bürgermeister einen sehr günstigen Bericht mit, und der Kreisamtmann hätte ihn auch losgegeben, aber der

Ansbacher Bürgermeister hatte nicht berichtet. Darauf mußte gleich wieder ein Bote fort nach Ansbach, um einen Bericht von dort einzuholen. Dieser blieb nun so lange, daß die Philippine es nicht abwarten konnte, weil es bald Abend war. Sie verabredete nun mit Herrn Pfarrer Fronmüller, daß, wenn er loskäme, er selben Abend noch nach Bauerbach kommen sollte und von da zu uns. Wenn er aber nicht loskommen sollte, so würde er nach Usingen transportirt werden, wenn der Ansbacher Bürgermeister berichten würde, daß er Amtshandlungen verrichtet hätte. Nun ist er aber bis jetzt noch nicht angekommen, nun ist es wahrscheinlich so gekommen. Auch hat er sich über Euch Usinger beschwert, Bruder Laiber, daß Ihr allzu „fri" (frei) wäret, und Eure Unvorsichtigkeit für Glaubensmuth hieltet. Seht, was haben wir nun davon, als daß wir unsern lieben Hirten in solche Verlegenheit bringen und dadurch uns die geistliche Nahrung noch mehr verringern. Doch der Herr hat es zugelassen, und er will uns nur zur Buße führen und zum Gebet antreiben, für seine Knechte zu gedenken. Denn es thut sehr noth, aber auch vorsichtig handeln nicht als die Unweisen, sondern als die Weisen. Denn wir können auch oft durch unser leichtfertiges, unvorsichtiges Wesen uns und anderen Schaden thun. Nun so laßt uns denn den Herrn bitten, daß er den Sinn der Obrigkeit lenke, und er bald wieder zu uns komme.

Herr Pfarrer Brunn hat heute unsere junge Tochter getauft, und war ganz erstaunt, als er die Sache erfuhr.

Nun, so sei denn die Gnade Gottes und der Friede Jesu Christi mit Euch und uns allen. Grüßt mir alle, die Jesum von Herzen lieben als von Eurem geringen Bruder in Christo

Karl Bernhard."

Daß Pfarrer Fronmüller von Idstein noch nach Usingen gebracht, dort aber bald wieder entlassen wurde, geht aus seinem Briefe vom 22. hervor. Darin erwähnt er seine Usinger Gefangenschaft. Er schreibt u. a.: „Wie mein Gefängniß in Usingen abgelaufen, wird Ihnen Herr Pfarrer Brunn mittheilen. Ich muß mich wegen der Kürze der Zeit darauf beschränken, Ihnen und der Gemeinde für den Augenblick ein herzliches Lebewohl zuzurufen. . . .

Daß ich gefangen wurde, hat meinem Fleisch manche Unannehmlichkeiten gemacht, die ich um des Herrn Christi willen gern getragen habe. Die größte Betrübniß machte mir aber, als ich im Gefängniß las, wie der unglückliche Zwiespalt in der

Gemeinde mehr und mehr zunimmt. Zwar hab' ich's vorausgesehen; ich habe oft Ihnen meine Befürchtungen ausgesprochen; aber doch scheint's ganz unbegreiflich, wie eine Gemeinde, der von Gott dem Herrn soviel Liebe erwiesen worden ist, von ihrem Hirten so viele Opfer gebracht worden sind, so gar dies alles vergessen kann und sich nur den Einflüsterungen des bösen Feindes hingeben.... Ich wundere mich nicht, daß ich gefangen werde; denn wie können Gebete um meine Sicherheit erhört werden, da sie nur ‚in Zorn und Zweifel und Zwietracht' gebetet werden... ich schreibe dies... in großer Betrübniß, daß etwa meine Arbeit vergebens gewesen sein möchte.... Ich appellire ans Hofgericht, werde auch meine Zeit in Fürth dazu benutzen, eine Eingabe für die Gemeinde an die Regierung oder den Herzog zu machen...."

Von Fürth begab sich Fronmüller nach Waldenburg in Schlesien, wo er die dortige lutherische Gemeinde bediente. Von hier aus richtete er wiederum mehrere herzliche Briefe treuer seelsorgerlicher Ermahnung und Tröstung an „seine" Gemeinde, aus der er durch des Staates Gewalt verbannt war. In einem Briefe vom 21. Juni dieses Jahres schreibt er u. a.: ... „Dies ist aber wahr gewesen, was ich immer behauptet habe, daß wir in noch größere Trübsal kommen würden.... Herr Pfarrer Brunn schrieb mir, daß unsere Eingaben vom Herbst, auch meine Mediateingabe, welche ich durch den Grafen Görz gemacht habe, rein abschlägig beschieden seien. Was wird die Gemeinde dazu sagen, und wie wird mein jetzt ziemlich geschwächter Leib einen ähnlichen Monat aushalten, wie den vergangenen. Ich muß gern oder ungern meine Augen zudrücken, und darf nicht in die Zukunft schauen, sonst wird mir für mich bange (aber ich verzage nicht); und muß immer mehr das Wort zum Wahlspruch meines Lebens machen, welches ich mir zum Trost gesucht habe, als ich in der Neujahrsnacht in Köln a. Rhein voll Betrübniß in dies Jahr schaute, Klagelieder 3, 27—30: ‚Es ist ein köstlich Ding einem Manne, daß er das Joch in seiner Jugend trage, daß ein Verlassener geduldig sei, wenn ihn etwas überfällt; und seinen Mund in den Staub stecke, und der Hoffnung erwarte. Und lasse sich auf die Backen schlagen, und ihm viele Schmach anlegen.' Gott bilde mich und uns alle immer mehr zu Kreuzträgern um, zu rechten Kreuzträgern!... Wächst denn die Gemeinde auch wirklich geistlich? Welchen Eindruck machen die Gottesdienste? Ist die Gemeinde willig zum Geben, fleißig zum Gebet?" Er gedenkt in einigen Wochen durch Nassau nach Köln zu reisen, da hofft er seine Gemündener wiederzusehen und ihnen ein klein wenig dienen zu können. „Mein Gebet und mein Denken," so schließt er diesen Brief, „weilt täglich in Gemünden und unter Euch, meine theuren Freunde; zwar dankbar für alles Gute, was ich von Euch genossen, aber nicht um des irdischen Guten willen, das für mich in Gemünden ja doch nicht groß war, sondern um Jesu Christi, unseres Herrn, willen, dem all unser Lob und unsere Liebe, unsere Sorge und Freude gehöre. Amen." In einem Briefe vom 7. August spricht er seine Freude darüber aus, daß die Hoffnung auf Ordnung der kirchlichen Verhältnisse und Wendung des Gefängnisses für uns in Nassau vorhanden sei. Dann könne er doch bald zurückkehren, wenn nicht für immer, dann doch, um sie alle noch einmal, zum letzten Male, wiederzusehen. „Diese vergangene Woche," so fährt er in demselben fort, „habe ich eine Reise ins polnische Schlesien gemacht zu Pastor Kellner. Ach, lieber Bruder, was der und dessen Gemeinde gegen uns ausgestanden hat! Sein vierjähriges Gefängniß, das Gefängniß und die bedeutenden Geldstrafen der Gemeindeglieder können uns ganz beschämen, daß wir nur die Hand auf den Mund legen und schweigen!" — Da unterdessen neue Bedrückungen auf die Gemeinde ausgeübt wurden und den Theilnehmern an den lutherischen Gottesdiensten mit Geldstrafen gedroht wurde,[*]) so schreibt er unterm 12. August 1853 einen gar köstlichen Ermahnungs- und Trostbrief an seine lieben Vorsteher (Diakonen nennt er sie) und die ganze Gemeinde. Er lautet:

„Den Diakonen und allen Brüdern in Gemünden.

Gnade und Friede sei mit Euch!

Ihr habt mir durch unsern lieben Bruder und Diakonus Karl Kreckel schreiben lassen, daß in den letzten Wochen eine neue Versuchung über Euch gekommen ist, indem diejenigen, welche ‚unsere Versammlung' besuchen, bestraft werden sollen. Deshalb ermahne ich Euch zuerst im Namen unseres Herrn Jesu Christi, dem all' seine Feinde zum Schemel Seiner Füße gelegt sind, und mit den Worten des heiligen Paulus im Brief an die Hebräer 10, 23—25: ‚Lasset uns halten an dem Bekenntniß der Hoffnung, und nicht wanken; denn Er ist treu, der sie verheißen hat. Und lasset uns untereinander selbst wahrnehmen, mit Reizen zur Liebe und guten Werken, und nicht verlassen unsere Versammlung, wie etliche pflegen, sondern untereinander ermahnen,

---

[*]) Siehe auch Seite 75 nebst dem dort erwähnten Aktenstück des Anhanges Nr. 9.

und das soviel mehr, soviel ihr sehet, daß sich der Tag nahet.' Dies ist das letzte Wort, welches ich unsern Brüdern in Anspach in öffentlicher Predigt habe vorhalten dürfen, und ich zweifle nicht, daß sie treulich zusammenkommen und ihre Versammlungen nicht verlassen. Seid auch Ihr, liebe Brüder, in Gemünden meiner Ermahnung gehorsam. Es ist ja die erste Anfechtung, in welche Ihr gerathen seid, wie Ihr mir selbst habt durch unsern lieben Bruder und Diakonus Georg Karl Wolf schreiben lassen, daß, seitdem ich nicht mehr in Eurer Mitte war, Ihr von außen wenig Anfechtung erbuldet habt, daß Ihr von seiten der Behörden bis dahin keineswegs gestört worden seid und die vollkommenste Ruhe geherrscht habe. Nun kommt ein wenig Unruhe und Störung; laßt Euch dadurch nicht irre machen, sondern denkt vielmehr, daß Euer Herr Christus aus der Anfechtung heraus selber zu Euch also spräche: ‚Für euch, ihr Christen in Gemünden, hab' ich einst viel, viel erbuldet. Für euch hab' ich Noth gehabt auf Erden, hatte nicht, wo ich mein Haupt hinlegen konnte, bin versucht worden allenthalben gleichwie ihr, zuletzt bin ich am Kreuz für euch gestorben. Nun sitze ich in der Herrlichkeit meines lieben Vaters im Himmel und schaue auf die, die mich bekennen vor den Leuten. Die will ich bekennen vor meinem himmlischen Vater. Wer mich aber verleugnet vor den Menschen, den will ich auch verleugnen vor meinem himmlischen Vater.' Wenn der Herr Christus so zu Euch spricht, dann müßt Ihr Fleiß anwenden, daß Ihr einst antworten könnt: ‚Ich habe einen guten Kampf gekämpft, ich habe den Lauf vollendet, ich habe Glauben gehalten.' Als einst vor nun 15 Jahren unsere Brüder in Preußen mancherlei schwere Anfechtungen erlitten um ihres Glaubens willen, da kamen auch Bürgermeister und Polizeidiener und Landjäger in die Versammlung, ihre Namen aufzuschreiben, damit sie bestraft würden. Und unsere Brüder dachten: ‚Was liegt daran, wenn uns nun diese Bürgermeister auch aufschreiben, und wenn wir auch ungerechter Weise mit Geldstrafen belegt werden, wenn nur unsere Namen auch im Lebensbuch angeschrieben sind, und wenn uns nur die Herrlichkeit übrig bleibt, die mehr werth ist, als alles Geld und auch als alle Leiden dieser Zeit.' Sie ließen sich aufschreiben, und strafen, und duldeten dies Jahre lang. ‚Darum auch wir, dieweil wir solchen Haufen Zeugen um uns haben, lasset uns ablegen die Sünde, so uns immer anklebt und träge macht, und lasset uns laufen durch Geduld in dem Kampf, der uns verordnet wird, und aufsehen auf Jesum, den Anfänger und Vollender des Glaubens;

welcher, da er wohl hätte mögen Freude haben, erduldete er das Kreuz, und achtete der Schande nicht, und ist gesessen zur Rechten auf dem Stuhl Gottes. Gedenket an den, der ein solches Widersprechen von den Sündern wider sich erduldet hat, daß ihr nicht in eurem Muth matt werdet, und ablasset. Denn ihr habt noch nicht bis aufs Blut widerstanden.' Es wird auch, meine theuren Brüder im Herrn Christo, nicht alles hinausgehen, was der böse Feind gegen uns vornimmt. In Usingen habe ich 18 fl. Geldstrafen zahlen müssen und die 18 fl. sind wieder zurückbezahlt worden. Es wird der Herr Euch zu Hilfe kommen, und, da ohne Seinen Willen kein Sperling vom Dach fällt, den man um zwei Pfennige kauft, und kein Haar vom Haupt, so wird auch Euch keinerlei Ungemach treffen, wenn Er's nicht zuläßt. Sobald's Ihm zu arg wird, wird Er daherfahren auf Wegen und mit Mitteln, die wir nicht gekannt noch geahnt haben. — Lasset uns nur anhalten im Gebet und nicht laß werden. Sollte Gott nicht retten seine Auserwählten, die zu ihm Tag und Nacht rufen, und sollte Geduld darüber haben? Ich sage euch: ‚Er wird sie erretten in einer Kürze,' spricht der Herr, der Wahrhaftige, der gewiß hält, was Er zusagt. —

Zeigt's nun durch die That, daß Ihr Gottes Wort liebt. Macht die Probe auf das Exempel, welches der Heilige Geist durch mich unwürdigen Knecht mit Euern Seelen gerechnet hat. Fliehet nicht den Kampf; treuer Christen Pflicht und Schuldigkeit ist's zu kämpfen, dazu hat Euch ja der Herr geistliche Waffenrüstung angelegt. Kämpft Ihr einen guten ehrlichen Kampf, nicht mit fleischlichen Waffen, nicht in irdischem Eifer, sondern indem Ihr nachahmt unserm Ehrenkönig Jesu Christo, welcher nicht wieder schalt, da Er gescholten ward, nicht drohete, da er litt, sondern alles dem anheimstellte, der da recht richtet, der aber in den Tagen seines Fleisches Gebet und Flehen mit starkem Geschrei und Thränen geopfert hat zu dem, der ihm von dem Tode konnte aushelfen, und ist auch erhöret, darum, daß er Gott in Ehren hatte. Ihm folgt nach in Gehorsam des Glaubens und Bekennens! Er wird Euch den Lohn Eures Kampfes nicht vorenthalten. —

Aber, meine Brüder! auch dies darf ich nicht verschweigen. Es liegt jetzt die züchtigende Hand Gottes auf Euch, daß Euch Störungen gemacht werden in Euren Gottesdiensten. Seine Züchtigungen sind zwar immer Beweise Seiner Liebe; allein gezüchtigt werden doch blos diejenigen, welche es verdient haben. Er züchtigt Euch dafür, daß Ihr Sein Wort und den Ort, da

Seine Ehre wohnet, nicht so geliebt habt, wie Ihr gesollt. Macht, meine Liebsten, gut, was Ihr verschuldet, durch aufrichtige Buße und neue inbrünstige Liebe zu Gottes Wort und Seinem heiligen Sakrament, auf daß Ihr aus diesen und allen Anfechtungen hervorgehen möget wie Gold, im Feuer bewährt siebenmal, und endlich fröhlich und dankbar rühmen könnt, wenn der Herr unser Gefängniß gewendet: Der Herr hat Großes an uns gethan. Amen.

So bitte und vermahne ich Euch denn, auszuhalten in dem vom Herrn Euch verordneten Kampf und treu zu sein bis ans Ende. Ich hebe mit Euch und mit den Brüdern in der hiesigen Gemeinde meine Hände zum Herrn, ob Er uns helfe. Er wird uns erhören. Amen.

Zuletzt bitte ich Euch, Diakonen, meine lieben und treuen Brüder, daß Ihr Alles thun wollt zur Stärkung der Gemeinde, allezeit mit gutem Beispiel vorangehen, und Euer Amt zieren in allen Stücken, wie der heilige Stephanus, der erste Märtyrer (Blutzeuge) Christi, welcher auch Diakonus gewesen ist. Seid allesammt der Gnade unsers treuen Hirten Jesu Christi befohlen.

Haltet auch Eure Kinder an zum Gebet, auf daß Alt und Jung, Mann und Weib, Eltern und Kinder, Brüder und Schwe= stern, in der rechten Einigkeit des Gebets vor dem Herrn stehen. Der Gott des Friedens heilige Euch durch und durch! Er mache zu nichte und zu Schanden alles Toben und Wüthen des bösen Feindes, schenke Euch fröhlichen Bekennermuth, baldigen Ausgang Eures Kampfes, Erlösung vom Uebel und die ewige Seligkeit. Amen. In herzlicher Liebe Euer Bruder und Mitgenosse an der Trübsal Johannes Fr."

Im Herbste desselben Jahres kam er zu seiner und seiner lieben Gemündener Freude auf kurze Zeit zu ihnen, um dann wieder nach Walbenburg zurückzukehren, wo er länger, als er hoffte und wünschte, zurückgehalten wurde. Denn ob er dort auch viele Liebe genoß, so war's doch seine stete Sehnsucht, bald und auf immer in seine Erstlingsgemeinde zurückkehren zu dürfen.

Immer und immer wieder hatte die Gemeinde sich um Frei= heit ihres Bekenntnisses an die Regierung gewandt, aber entweder erhielt sie abschlägige oder keine Antwort.

Im Jahre 1853 vereinigten sich alle Lutheraner Nassaus (ca. 20 Ortschaften) zu einer Bittschrift an den Herzog, in der sie um Aufhebung aller Beschränkung in Ausübung ihres Glau= bens und um staatliche Anerkennung der von der unirten Landes= kirche getrennten lutherischen Kirche antrugen. Es erfolgte hierauf

vom Herzoglichen Ministerium der Bescheid, batirt vom 14. Juli:
„Es kann diesem Gesuche nicht willfahrt werden, weil die Anerkennung besonderer\*) evangelisch-lutherischer Gemeinden oder Privatreligionsgesellschaften mit den in Anspruch genommenen Berechtigungen eine Verletzung des landesherrlichen Ediktes vom 11. August 1817, wodurch die Vereinigung der evangelisch-lutherischen und evangelisch-reformirten Kirche des Herzogthums begründet und sanktionirt worden ist, sein und dessen Aufhebung zur Folge haben würde, daß demnach Berechtigungen, welche die Grenzen der Privathausandacht überschreiten, nicht zugestanden werden können." Dieselbe Antwort enthielten auch die Ministerialreskripte vom 1. September und vom 5. Dezember 1853. Im oben genannten Edikt aber heißt es (siehe Seite 36, § 1): „Es sind beide in Unserem Herzogthum mit völlig gleichen verfassungsmäßigen Rechten bisher rezipirte protestantische Landeskirchen zu einer einzigen vereinigt, welche den Namen der evangelisch-christlichen führt."

„Auf Grund dieses Unionsediktes," bemerkt Müller in seinem Schriftchen, „wurde der lutherischen Kirche Nassaus alles Recht, zu existiren, abgesprochen, mochten sich nun die Lutheraner auf die Artikel des westfälischen Friedensschlusses oder die nassauische Konstitution vom 1. und 2. September 1814 berufen, wonach die vollkommenste Duldung religiöser Meinungen und freie Uebung jedes Gottesdienstes im Lande gehandhabt werden soll. Und so ließ denn die Regierung die Lutheraner durch ihre Unterbehörden fort und fort brangsalen, um sie, wo möglich, mit dem Polizeiprügel in den Schoß der Union zurückzuführen. Den Lutheranern aber, denen ‚der Geist der Mäßigung und Milde', den die Union ausdrücken soll, sich so handgreiflich offenbarte, blieb nichts übrig, als ihr gutes Recht zu behaupten und darüber zu leiden."

In einem Briefe vom 20. März 1854 schreibt der verbannte Hirte der Gemeinde: „Ach, wie klag' ich, daß die Morgenröthe eines freien Tages noch nicht über Ihre Berge gezogen ist." Es fällt ihm schwer, so bekennt er, seinen Lieben in Gemünden so fern sein zu müssen, doch hofft er, bald wieder bei ihnen sein zu können. Sein Wunsch, Waldenburg mit Radevormwald vertauschen zu dürfen, geht endlich in Erfüllung. Noch muß er, will er zu seiner geliebten Gemeinde, heimlich und zur Nachtzeit kommen. Auch als er Anfang des folgenden Jahres nach Bayern

---

\*) Vergl. Müller, kurze Geschichte, Seite 13; siehe auch Anhang: Nr. 8a.

übersiedelt, besucht und bedient er seine Gemeinde noch etliche Mal, bis er die Sorge für dieselbe Pfarrer Brunn überlassen muß. Aus dieser Zeit seiner Verbannung berichtet Müller noch manchen interessanten Zug. Wir geben hier seine Schilderung wieder.

"Die ihres Hirten beraubte Gemeinde," so erzählt er, "hielt zwar ihre Gottesdienste in ihrem seitherigen Lokal fort, indem statt der mündlichen Predigt von einem der Vorsteher eine Predigt vorgelesen wurde, allein auch das wollte man nicht länger dulden. Alle ferneren Zusammenkünfte in ihrem seit zwei Jahren benutzten Gottesdienstlokal wurden ihr durch den Bürgermeister bei Strafe verboten, weil dieselben die Gottesdienste in der nicht weit entfernten unirten Ortskirche stören sollten, obgleich eine frühere amtliche Kommission erklärt hatte, es könne von einer Störung keine Rede sein. Umsonst erboten sich die Lutheraner, ihren Gottesdienst so zeitig abzuhalten, daß er bis zum Beginn des unirten zu Ende sei, umsonst beriefen sie sich darauf, daß sie ihr Lokal zum ausschließlichen Zweck der Abhaltung ihrer Gottesdienste miethsweise erworben und seit zwei Jahren ungestört benutzt hätten: an den beiden folgenden Sonntagen erschien der Bürgermeister in ihrem Gottesdienste, schrieb die Namen aller Anwesenden auf und strafte jeden Einzelnen das erste Mal um 30 Kreuzer, das zweite Mal um 1 Gulden, das dritte Mal um 1 Gulden 30 Kreuzer (siehe Seite 71).\*) Alle Bitten der Gemeinde an das Justizamt und das Staatsministerium fanden kein Gehör, sie mußte der Gewalt weichen und die Strafen bezahlen. Ebenso wurden die Lutheraner durch Auspfändung gezwungen, die ihnen im Jahre 1850 erlassenen Steuern an die unirte Kirche wieder zu entrichten, und dieser ungerechte Steuerzwang währte 12 Jahre lang. Harrte ein Kindlein in der Gemeinde der Taufe, so wurden wochenlang Nachtwachen gehalten, den lutherischen Pfarrer zu fangen. Doch konnte man in Gemünden\*\*) der Person Fronmüllers nie habhaft werden. Etliche Mal entging er seinen Feinden nur durch schleunige Flucht. Eines Abends hatte er die Kinder und jungen Leute in das Haus eines Vorstehers bestellen lassen, um sie nach langer Zeit einmal wieder zu sehen; seine Anwesenheit war indessen verrathen worden, und als er eben im dichten Kreis der Kinder stehend, mit denselben sich unterredete, erschien der Bürgermeister, von dem Polizeidiener begleitet, vor der verriegelten Hausthür und begehrte Einlaß. Fronmüller

---

\*) Siehe Anhang: Nr. 9. — \*\*) Von uns unterstrichen.

wollte sich zwar ruhig greifen lassen, doch etliche Männer, die zugegen waren, riethen zur Flucht, weil sie die Rohheit des Bürgermeisters kannten und fürchteten. Als der Bürgermeister in den Hausgang eintrat, wurde er von einigen Männern über seinen nächtlichen Besuch zur Rede gestellt und dadurch etwas aufgehalten; in der Stube löschte man das Licht aus, und die ganze Kinderschaar stemmte sich mit Leibeskräften gegen die Stubenthür. Der Bürgermeister schrie nach Licht, mußte sich aber selbst durch den Polizeidiener eine Laterne herbeiholen lassen. Unterdessen öffnete der Hausbesitzer ein Hinterfenster, sah hinaus, und da alles still und ruhig war, sprang er vorweg und hieß Fronmüller nachkommen. Glücklich und ungesehen entkamen die beiden, und alles Suchen des Bürgermeisters im ganzen Hause war vergeblich. Als die Feinde auf den Gedanken kamen, der, den sie suchten, sei entflohen, liefen sie zwar noch ein Stück außerhalb des Dorfes umher, ihn zu erspähen, aber er war ihren Blicken entschwunden. — Bei einem anderen Besuch mußte sich Fronmüller auf den Speicher flüchten, von da führte ihn der Hausvater, indem er schnell eine Oeffnung in die Lehmwand machte, welche Haus und Scheune trennte, in seine Scheune hinüber, dann weiter in die Scheune seines ebenfalls lutherischen Nachbars, wo beide so lange harrten, bis die Feinde ihre Nachforschungen aufgegeben hatten. Als es stille auf der Dorfstraße geworden war, begaben sie sich ins Freie und gelangten durch ein Seitengäßlein auf einem kleinen Umweg in das Haus eines andern Vorstehers, wo dem geliebten Hirten für jede Stunde die Herberge bereitet war. Gar manche gnädige Bewahrung des Herrn durfte Fronmüller in dieser schweren Zeit erfahren. Entweder waren die Augen der Feinde sichtlich gehalten, oder es mußten wohlgesinnte Unirte die ihnen bekannte Anwesenheit des lutherischen Pfarrers verschweigen, oder es mußten die Feinde, nachdem sie manche Nacht vergeblich gewacht hatten, gerade zu der Stunde schlafen, da ein Kindlein getauft oder hungrige Seelen mit Wort und Sakrament bedient wurden. Der Herr herrscht mitten unter seinen Feinden."

Daß Fronmüller sich auch, wenn er nach Gemünden kam, der verwaisten Usinger annehmen mußte, verstand sich für ihn von selbst.

Außer dem oben bereits erwähnten Male (Seite 68) wurde er bei seinen Amtsreisen in Nassau noch ein zweites Mal gefänglich eingezogen.

Vom Jahre 1856 an kam er nur noch zwei Mal nach Gemünden, zur Einweihung der Kirche im Jahre 1865 und nach seines Nachfolgers Tode 1870. Am 19. Januar 1872 ging auch er zur Ruhe seines Erlösers, den er hier treu bekannt, heim. Er starb im Pfarramt zu Pegnitz in Bayern an der Gesichtsrose im Alter von erst 44 Jahren. Mit seinem Nachfolger im Amte zu Gemünden blieb er in inniger Freundschaft verbunden. Als Pfarrer Fronmüller für immer von Gemünden Abschied genommen, übernahm Pfarrer Brunn, wie wir bereits erwähnten, die einstweilige Bedienung der Gemeinde, unterstützt zuweilen vom Prediger Hein, der im Jahre 1853 zur lutherischen Kirche übergetreten war. Und wiewohl nun Brunn in seinem Pfarrort Steeden, auf das man anscheinend das gesammte Lutherthum Nassaus beschränken wollte, ungehindert Gottesdienst halten durfte, in Gemünden ward ihm jede geistliche Amtsverrichtung untersagt. Sobald man seiner hier ansichtig wurde, ließ man ihn durch den Polizeidiener über die Grenze der Gemarkung bringen. Alle Taufen und Krankenkommunionen geschahen deshalb, wie in früheren Jahren, heimlich. Um eine Predigt hören oder das heilige Abendmahl empfangen zu können, mußte die Gemeinde zur Sommerzeit bei günstiger Witterung im Walde oder auf freiem Felde sich versammeln, im Winter in ein benachbartes katholisches Dorf pilgern. „Da wanderten," sagt Müller, „Junge und Alte am Sonntag-Morgen mit dem Gesangbuch unterm Arm hinaus unter Gottes freien Himmel, nach langer Zeit wieder einmal eine Predigt zu hören und das heilige Abendmahl zu empfangen. Manchmal stürmte und regnete es, manchmal war gar der Kirchboden ganz frisch gedielt — aber mit Schnee und Eis."

Man freute sich schon darüber, als im Jahre 1856 dem Pfarrer Brunn gestattet wurde, wenigstens Privatbesuche zu machen, sobald er jedoch öffentlich auftrat, brachte ihn der Polizeidiener über die Grenze.

„In unserer äußeren Stellung," schreibt Pfarrer Hein im „Kirchenblatt für die evang.-luth. Gemeinden in Preußen" vom 1. Februar 1858, „zur weltlichen Obrigkeit hat das verflossene Jahr wenig verändert, wiewohl wir des gewiß sind, daß im Stillen doch manches geschehen ist. Die rohen brutalen Gewaltthätigkeiten, an uns verübt von seiten der Union und ihrer niederen Organe, hatten doch zur Folge, daß die Willensmeinung Sr. Hoheit des Herzogs kund und laut wurde, daß derselbe solche Rohheiten nicht will, also muß man schon leiser treten, und wir hoffen von der Gerechtigkeit unseres Landesherrn, nach der er niemand um seines Glaubens willen gekränkt wissen will... (Anerkennung)

… ‚Menschlich geredet', haben wir auch nur von ihm Freiheit der Kirche zu erwarten; von seiten der Landes-Regierung währt die alte Art des Versagens aller Rechte und der wissentlichen Nichtachtung unseres Daseins fort.… Es ist im verflossenen Jahre selbst dahin gekommen, daß man einem unserer Kirchglieder die Verehelichung untersagt hat, unter dem Vorgeben, er habe nicht die nöthigen Mittel zur Ernährung einer Familie, obwohl der Mann eine Stelle hat, die ihm mehr einträgt, als ein Schullehrer seines Ortes jährlich bezieht, und seine Braut mehr Vermögen nachgewiesen, als wohl zwei Drittel der Ortseinwohner haben. Andere Paare mußten zur Kopulation ihre Zuflucht ins Ausland oder aus meiner Gemeinde zu Pastor Brunn nehmen. Da half aber doch der Herr zum Ziel und einmal recht wunderlich, daß die Feinde jämmerlich zu Spott wurden. Der unirte Pf. in G. (Gemünden ist gemeint. D. V.) wollte die Dimissorialen nicht geben, damit Pastor Brunn nicht kopuliren könne. So mußte sich das Paar in das Ausland an einen Staatspfarrer wenden. Dieser schreibt um die Papiere, und der Pf. in G. giebt sie versiegelt dem Bräutigam, um sie an das Amt zu bringen, damit dieses sie vollends ausfertige. Der Amtmann thut das, übergiebt aber unversiegelt dem Bräutigam die Papiere, so daß dieser damit machen konnte, was er wollte. So kam Pastor Brunn in den Besitz der Papiere und konnte in allem Frieden das Paar kopuliren, so daß alle Chicane zu Spott geworden war."

Im September desselben Jahres berichtet Pastor Brunn in demselben Blatt: „Durch die Verwaltung der Gemündener Gemeinde bin ich doppelt in Anspruch genommen. Dort müssen wir unsere Gottesdienste immer noch im Walde halten, weil die wüthende Dorfpolizei uns nicht im Orte selbst gewähren läßt. Wir hoffen indes zuversichtlich, daß es bald anders werde, wenn es der Wille Gottes ist, daß uns durch menschliche Werkzeuge geholfen werden soll.…"

Von manchem gilt auch hier während dieser Zeit das Wort des Herrn: „In der Zeit der Anfechtung fallen sie ab." Immer mehr wurde die Gemeinde gesichtet.

Ende des Jahres 1859 konnte Brunn nach einer Unterbrechung von 7½ Jahren wieder den ersten öffentlichen Gottesdienst halten. Die sonst so gehässige Polizei traute sich nicht mehr, denselben zu stören.[*] Im folgenden Jahre erklärte die

---

[*] Müller berichtet, derselbe geschah erst Ostern 1860. Dies ist aber ein Irrthum; denn Brunns Mittheilung hierüber findet sich bereits im

Obrigkeit, die Lutheraner „toleriren" zu wollen. Die vollständige
Regelung ihrer kirchlichen Verhältnisse sollte indessen bis zu einem
neuen allgemeinen Religionsgesetz für das Nassauer Land, wie
dasselbe bereits in Aussicht genommen und von den Landständen
beantragt worden war, aufgeschoben bleiben. Bis zum Erscheinen
dieses Gesetzes sollten alle bisherigen Bedrückungen eingestellt,
auch den Gottesdiensten der Lutheraner nichts mehr in den Weg
gelegt werden. Freilich von der Entrichtung der Kirchensteuern
(siehe Seite 76) wurden sie noch immer nicht entbunden. „Doch
Gott sei gelobt," schreibt Brunn freudig bewegt, „der uns wenigstens die Hauptsache hat erringen helfen, die ungehinderte Erbauung auf unsern allerheiligsten Glauben!" Bald nach Ostern
dieses Jahres durfte wieder nach achtjährigem Verbot die erste
Leiche durch den lutherischen Pfarrer zu Grabe geleitet werden.
Wie athmete die arme bedrückte und verfolgte lutherische Gemeinde auf, wie freute sie sich, doch ihren Pastor wenigstens alle
4—6 Wochen einmal unter sich haben und sich an der Predigt
des göttlichen Wortes erquicken zu können.

Allerdings waren die Zustände noch immer recht drückender
Art. Einen eigenen Geistlichen wollte die Regierung der Gemeinde nicht zugestehen,*) die zahlreiche Schuljugend wuchs auf,
ohne eigentlichen Religionsunterricht, die Konfirmanden waren
genöthigt, einige Wochen der Vorbereitung auf den Tag der Einsegnung in Steeden zuzubringen. Erst nach Verlauf von vier
Jahren traf die Erlaubniß der Regierung zur Berufung und Anstellung eines eigenen Geistlichen ein. Und in dem Umstande,
daß dies gerade in diesem Jahre geschehen mußte, erblicken wir
eine besondere Gnadenführung des Herrn, der die Herzen der
Menschen lenkt wie die Wasserbäche.

Als Brunn gleich nach seinem Austritt aus der nassauischen
Landeskirche ein Gesuch an das Oberkirchenkollegium zu Breslau
richtete, in welchem er um Aufnahme seiner Gemeinde in den
Verband der lutherischen Kirche in Preußen bat, kam man diesem
Ansuchen von seiten des Oberkirchenkollegiums auf das liebens-
würdigste entgegen. Die Loyalität der „Breslauer" Kirche trat
besonders in dem Beschluß der Generalsynode 1848 in zwei
Sätzen, betreffend den Anschluß außerpreußischer Gemeinden, hervor,

---

„Kirchenblatt" vom 1. Januar 1860. Der erste öffentliche Gottesdienst mit
spezieller Erlaubniß der Regierung war der zu Ostern (siehe
„Kirchenblatt" 1860 vom 15. Mai).

*) Anhang, Nr. 8b.

die allerdings später in arger Weise von den Gegnern der Kirchenordnung gemißbraucht wurden, und eine Quelle vieler Mißverständnisse und Mißhelligkeiten geworden sind.*) Sie lauteten:

1) Die Synode betrachtet es als einen ihr vom Herrn gebotenen Liebesdienst, solchen lutherischen oder lutherisch gewordenen Pastoren und Gemeinden des Auslandes, welche es begehren, den Anschluß an unseren durch die Generalsynode und das Oberkirchenkollegium zusammengehaltenen Kirchenverband zu gewähren.

2) Als unerläßliche Bedingung des Anschlusses kann nur gefordert werden, daß die Nachsuchenden sich zu den symbolischen Büchern der lutherischen Kirche Preußens bekennen, nicht aber auch, daß sie unsere Verfassung in ihrem ganzen Umfange annehmen, indem es ihnen freistehen muß, besondere, nur für sie geltende Ordnungen bei sich einzuführen. Jedoch müssen sie nicht blos dem Oberkirchenkollegium und der Generalsynode als ihren kirchlichen Oberen sich untergeben, sondern auch die wesentlichen Richtungen der Verfassung unserer Kirche, wohin insbesondere die Wiederherstellung der Kirchenzucht gehört, theilen....

Brunn sowohl wie Hein nahmen nun mit Berufung auf diese Sätze von unseren Synodalbeschlüssen an und verwarfen, wie es ihnen gutbünkte. Dennoch traten sie nicht dem von Diedrich und anderen am Ende der fünfziger Jahre angerichteten Schisma bei, sondern verurtheilten dasselbe und die Stellung der Immanuelsynode.**) Dagegen neigte Brunn sich, ebenso wie Hein, mehr der missourischen Lehre über Kirche und Kirchenamt zu. Ein Besuch des bekannten Professors Walther von St. Louis und die kurz darauf erfolgte Gründung eines Seminars zur Ausbildung von Geistlichen für die Missourisynode in Amerika, in das er junge strebsame Leute unserer Kirche aufforderte, einzutreten,***) leiteten die allmähliche Lossagung von Breslau und den Anschluß an die sächsisch-amerikanische lutherische Kirche ein. Hein hat sich übrigens später auch von Brunn und der Missourisynode losgesagt und ist für sich geblieben.

Am Ende (November) 1863 erschien die Schrift D. E. Huschkes über „Die streitigen Lehren von der Kirche, dem Kirchenamt, dem Kirchenregiment und den Kirchenordnungen 2c." Gegen dieselbe gab Brunn Anfang 1864 seine „Einfältige Erklärung"

---

*) Vergl. den Artikel im „Kirchenblatt" Nr. 11 vom 1. Juni 1865.
**) Bei den Pfarrakten findet sich noch ein verurtheilendes Schreiben Pastor Heins über die Diedrichsche Spaltung.
***) „Kirchenblatt" 1860, Nr. 17 und 18, Seite 212 ff.

heraus, für die er in wenig schöner Weise Propaganda zu machen suchte. Nach der Generalsynode dieses Jahres, auf der er und einige andere klagend gegen Geheimrath Huschke auftrat, aber von derselben nach eingehendster Diskussion zurückgewiesen wurde, trat eine kleine Weile Ruhe ein. Dann aber fielen die Opponenten plötzlich über die im Druck erschienene „Oeffentliche Erklärung" des Oberkirchenkollegiums auf der Generalsynode her und legten gegen dieselbe Protest ein. Brunn berief darauf im Februar des folgenden Jahres (1865) „eine Kirchenversammlung" nach Steeden. Auf dieser entwickelte er nun vor den Vertretern der nassauischen Gemeinden, welche sich dazu eingefunden hatten, die seiner Meinung nach falschen Lehren der Breslauer Kirchenbehörde über die Kirche, das Kirchenamt und die Kirchenordnung, und forderte sie auf, sich von der evangelisch-lutherischen Kirche in Preußen loszusagen. Der Widerspruch, welcher von dem Kandidaten C. H. Müller aus Bechtheim gegen Brunn und sein Vorhaben erhoben wurde, fiel bei der von letzterem bearbeiteten Versammlung auf unfruchtbaren Boden. Nur der einzige Vertreter der Gemündener Gemeinde hatte sich passiv verhalten. Als er in seine Heimath zurückkehrte, traf er viele in derselben an, die zu Brunns Verhalten und Trennung bedenklich den Kopf schüttelten, und als Kandidat Müller der Gemeinde, welche ihn schon zu ihrem künftigen Seelsorger ausersehen hatte, erklärte, wenn sie den Schritt Brunns gutheiße und demselben nachfolge, könne er nicht ihr Pfarrer werden, da entschloß sich die ganze Gemeinde, bei „Breslau" zu bleiben. Man wandte sich an das Oberkirchenkollegium mit der Bitte, den Kandidaten Müller zu ordiniren und zum Seelsorger der Gemeinde zu bestellen. Diesem Wunsche wurde von seiten des Oberkirchenkollegiums gern entsprochen und der Superintendent Felbner in Elberfeld mit der Ausführung der nöthigen Vornahmen beauftragt. Bevor jedoch Ordination und Einführung geschehen konnte, mußte durch Verhandlungen mit der Gemeinde förmlich das Verhältniß derselben zum Oberkirchenkollegium und der preußischen Kirche festgestellt werden. Die am Freitag und Sonnabend nach Ostern eingeleiteten Verhandlungen ergaben als Resultat den völligen Anschluß der fast vollzähligen Gemeinde an das Oberkirchenkollegium und die Anerkennung der Synodalbeschlüsse.\*) Desgleichen wurde auch das Einkommen des derzeitigen Hilfspredigers und künftigen

---

\*) Siehe Anhang Nr. 10.

Pastors festgesetzt. Mit Lob und Dank gegen Gott den Herrn sah die Gemeinde nach Erledigung dieser Verhandlungen dem Anbruch des Sonntages entgegen. Die liebliche Umgebung hatte ihren Frühlingsfestschmuck angelegt, Bäume und Blumen trugen ihr neues Blüthengewand, die Wälder und Wiesen prangten in frischem Grün, die Sonne strahlte am Firmament und keine Wolken trübten den Himmel. Neue Hoffnung belebte aller Herzen.

Am Morgen des Sonntages Quasimodogeniti versammelten sich zunächst die drei Geistlichen, Pastor Eichhorn war zur Assistenz des Superintendenten erschienen, zur Privatbeichte. Das Gottesdienstlokal im Hause eines Gemeindegliedes war zum Beginn des Gottesdienstes, der um ½ 10 Uhr angesetzt war, bald gefüllt. Obwohl für diesen Tag der ganze erste Stock des Hauses von dem Wirthe zur Verfügung gestellt war, stand doch Kopf an Kopf. Der Superintendent hielt die Ordinations- und Einführungsrede über Joh. 21, 15—17, und der neue Hirte predigte darauf über 1. Kor. 1, 21—26. Mit der Feier des heiligen Abendmahles wurde der Hauptgottesdienst geschlossen. Im Nachmittagsgottesdienste nahm Prediger Müller die erste Taufhandlung vor und Pastor Eichhorn predigte über 1. Joh. 5, 4—10. Der Abend wurde in erquicklichem Zusammensein mit mehreren

Gemeindegliedern zugebracht; dabei wurde auch viel gesprochen von der Feier, der man voll Freude und Dank gegen den Herrn zum Spätsommer desselben Jahres entgegensah. Doch darüber wollen wir den neu eingeführten Seelsorger selbst erzählen lassen. Er schreibt:

„Ganz unerwartet erschien zu Anfang des Jahres 1864 der Bezirksamtmann in Gemünden, um im Auftrage der Regierung über den äußerlichen Bestand und die Leistungsfähigkeit der Gemeinde Erkundigungen einzuziehen. Er that es in der freundlichsten und wohlwollendsten Weise, und bald darauf erging von seiten der Regierung an die Gemeinde die Aufforderung, den Namen des von ihr zu berufenden Geistlichen, sobald als möglich, der Regierung anzuzeigen. Noch immer hegte die Gemeinde die Hoffnung, Pfarrer Fronmüller werde nun wieder zu ihr zurückkehren, doch erklärte derselbe, diese Hoffnung nicht erfüllen zu können. Es fiel deshalb die Wahl der Gemeinde auf ihren jetzigen Hirten, und schon im September d. J. ertheilte die Regierung dieser Berufung ihre Anerkennung...."

Die Gemeinde hatte zu Ende des Jahres (1864) beschlossen, den bereits im Jahre 1852 beabsichtigten Kirchbau nun in Angriff zu nehmen und dazu die nöthigen Schritte bei den Behörden gethan. Bereitwillig hatte auch die Obrigkeit zu dem eingesandten Bauplan ihre Genehmigung ertheilt, und so waren schon im Laufe des Winters die noch fehlenden Baumaterialien angekauft und auf die Baustelle bracht hatte, geschafft worden. Man wollte mit dem Bau so zeitig als möglich beginnen. Doch hielt der Winter diesmal sehr lange an, und es dauerte bis in den Monat April, ehe die warmen Strahlen der Frühlingssonne die Schnee- und Eismassen, die uns der Winter gezusammengeschmolzen und das Erdreich blos und trocken gelegt hatten. Aber

Das Haus, in welchem der erste luth. Gottesdienst nach Einführung der Union gehalten wurde.

„Wenn der Winter ausgeschneiet,
Tritt der schöne Sommer ein.
Also wird auch nach der Pein,
Wer's erwarten kann, erfreuet".

Auf den langen Winter folgte der lieblichste Frühling, und als das Erdreich anfing, sein grünes Kleid wieder anzulegen und die Vöglein in den Lüften und Zweigen ihre ersten Lieder sangen, da legten wir mit frischem, fröhlichem Muth Hand an, das

Fundament zu unserm neuen Gotteshaus zu graben. Es ging mit der Arbeit rasch vorwärts, und schon am 9.*) April, Montag nach Palmarum, konnten wir feierlich den Grundstein zu demselben legen. Es war eine tiefbewegte fröhliche Feier. Vierzehn Jahre hatten die nöthigen Steine, von der Gemeinde selbst gebrochen und angefahren, ein großer Haufe, meist auch freiwillig geschenkten Sandes, sowie gegen achtzig Ohm gelöschten Kalkes auf der Baustätte unbenützt dagelegen. Sie lagen dicht an der Landstraße, und gar mancher, der während dieser langen Zeit vorüber gegangen war, hatte den Kopf geschüttelt oder mit Hohnlachen gesagt: „Die bauen nimmer eine Kirche!" Mancher Stein war gestohlen, oder unter Anführung der Ortspolizei von abgefallenen Lutheranern wieder hinweggetragen worden (Luk. 9, 62), Gras und Moos war auf dem Sandhaufen und dem Kalk gewachsen, und die Gemeinde hatte gar manchmal mit Wehmuth und bangen Fragen auf sie hingeschaut. Nun war die Stunde gekommen, da die Hand des Herrn den Steinen, Kalk und Sand zu ihrer Bestimmung helfen wollte. Er hatte das Meer bedräuet, und siehe, es war ganz stille geworden, er hatte seinen Feinden zugerufen: Bis hierher sollt ihr kommen und nicht weiter! und siehe, Laban durfte nicht anders, denn freundlich mit Jakob reden. Früh um 9 Uhr versammelte sich die Gemeinde auf der Baustelle, die man zuvor noch mit Tannenzweigen und Kränzen geschmückt hatte. Zu Anfang sangen wir das Lied: „Sei Lob und Ehr' dem höchsten Gut." Dann folgte die Festrede über das Schriftwort 1. Sam. 7, 12: „Da nahm Samuel einen Stein und setzte ihn zwischen Mizpa und Sen und hieß ihn Eben-Ezer und sprach: Bis hieher hat uns der Herr geholfen." Nach der Predigt sang die Gemeinde den Vers:

„Sprich ja zu meinen Thaten, Hilf selbst das Beste rathen,
Den Anfang, Mittel, Ende, O Herr, zum Besten wende."

Darauf that der Prediger die drei Hammerschläge im Namen des dreieinigen Gottes unter Hinzufügung etlicher Bibelsprüche. Mit dem Gesang des Liedes: „Ach bleib' mit deiner Gnade", Gebet und Segen schloß die Feier.

Nun ging es rüstig an die Arbeit. Die Gemeinde war vorher eins geworden, die Grundmauern in Gemeinschaft mit den Maurern, deren sie eine große Zahl unter ihren Gliedern hat,

---

*) Nach dem „Kirchenblatt" war's der 10. April, dies ist richtig. Denn der 9. April war der Sonntag Palmarum.

Ersparniß halber aufführen zu wollen. Da führten denn gegen 25 Mann den Hammer und die Kelle, andere 25 trugen Steine und Mörtel herzu, und in etlichen Tagen waren die 50 Mann, die beständig auf der Baustelle arbeiteten, mit den Grundmauern fertig. Als das liebe Osterfest heran kam, konnte man um so fröhlicher singen: „Christ ist erstanden!" Denn diese Mauern waren auch ein Zeugniß, daß der Herr lebt und regiert. Den Steinen hatten die Jahre nicht geschadet und der Kalk war in seinem Grabe nicht verdorben, sondern noch besser geworden. — Zwar ging der Bau von nun an viel langsamer vorwärts, doch bescheerte der gnädige Gott ein überaus günstiges Baujahr. Durch die anhaltende Hitze des Sommers trockneten die dicken Basaltmauern sehr schnell aus, so daß man, nachdem das Dachwerk aufgerichtet war, alsbald zum Verputz des Innern schreiten konnte. Als die Kirche aufgerichtet dastand, stürzte eines Abends infolge eines Sturmes die große Linde vor der unirten Kirche unter gewaltigem Krachen zusammen. Sie hatte nun lange genug gestanden als ein Denkmal der göttlichen Heimsuchung über Gemünden. Der gescheuchte Vogel, welcher unter ihren Zweigen sich zum erstenmal (mit seinen Jungen) versammelt hatte und seitdem hin und her geflogen war, hatte nun ein Haus gefunden und die Schwalbe ihr Nest. — Ende Oktober war die Kirche soweit fertig, daß wir an ihre Einweihung denken konnten. Der 12. November war zu dieser Feier bestimmt. Unserer Einladung waren außer Superintendent Feldner aus Elberfeld die Pfarrer Fronmüller aus Bayern und Berger aus Köln nachgekommen. Groß war

Die evangelisch-lutherische Kirche
zu Gemünden im Westerwald.

die Freude der Gemeinde, ihren ersten Hirten, unter dessen Leitung sie vor 14 Jahren den Anfang zum Kirchbau gemacht hatte, an diesem Festtag in ihrer Mitte zu sehen. Früh um 9 Uhr versammelten wir uns noch einmal in dem bisherigen Gottesdienstlokal. Mit der Betrachtung der Worte Jakobs: „Ich bin viel zu gering aller Barmherzigkeit und Treue, die du an deinem Knechte gethan hast. Denn ich hatte nicht mehr, denn diesen Stab, da ich über den Jordan ging und nun bin ich zwei Heere geworden" (1. Mose 32, 10), mit Gebet und dem Gesang des Liedes: „Bis hieher hat mich Gott gebracht", nahmen wir Abschied. Darauf ordnete sich der Zug nach dem nicht weit entfernten neuen Gotteshaus. Voran ging der Senior der Vorsteher, ein Veteran aus den Freiheitskriegen, den Schlüssel zur Kirche auf geschmücktem Teller tragend. Ihm folgten die übrigen sechs Vorsteher mit den heiligen Geräthen, dann die vier Geistlichen und endlich sämmtliche Gemeindeglieder in einzelnen Abtheilungen nach Alter und Ge-

Das lutherische Pfarrhaus.

schlecht. Auch viele Unirte schlossen sich dem Zuge an oder folgten ihm nach. Unter Absingung des Liedes: „Sei Lob und Ehr' dem höchsten Gut" gelangte der Zug vor die Thür der Kirche. Nachdem der fröhliche, weithin schallende Gesang verstummt war, überreichte der Senior der Vorsteher mit einigen passenden Worten den Schlüssel dem Hirten der Gemeinde, welcher nach einer kurzen Ansprache die Thür im Namen des dreieinigen Gottes öffnete. Schnell füllte sich die Kirche, kein Plätzchen blieb unbesetzt und ein Haufen mußte noch vor der Thür Platz nehmen. Als es stille geworden war, sangen wir: „Nun jauchzt dem Herrn alle Welt." Darauf hielt Superintendent Felbner die Weiherede, an welche sich das Weihegebet anschloß, wobei alle ihre Kniee beugten. Der übrige Theil des Gottesdienstes wurde ganz nach der Löhe'schen Agende gehalten. Die Festpredigt hielt Pfarrer Fronmüller über das Kirchweihevangelium. Manche Thräne der Wehmuth und der Freude ist bei dieser Predigt aus dem Mund des vielgeliebten ehemaligen Hirten geweint worden. Den Schluß des Gottesdienstes machte die Feier des heiligen Abendmahls, an welchem sämmtliche Geistliche und die meisten Glieder der Gemeinde theilnahmen.

Im Nachmittagsgottesdienste predigte Pfarrer Berger über die Epistel des Sonntags, nach ihm betrat Pfarrer Fronmüller noch einmal die Kanzel und Superintendent Felbner schloß die Feier mit einer kurzen Ansprache vom Altar, worauf wir noch einmal zum Lob und Preis des Herrn, der uns diesen Tag gemacht hatte, unsre Kniee miteinander beugten und dann reichgesegnet das freundliche Kirchlein verließen, in dem wir seitdem so manchen Tag, der besser ist, denn sonst tausende, haben feiern dürfen.

Die Kirche steht am südlichen Ende des Dorfes. Sie ist 65 Fuß lang, 28 Fuß breit und 20 Fuß hoch. Durch acht große Fenster an den Seiten des Schiffes und dem Chor, sowie durch drei kleinere über der Eingangsthür, alle im Rundbogenstil, ist das Innere sehr hell und freundlich. Die Wände des Chors sind mit passenden Bibelsprüchen geziert, und der Chorbogen trägt in großen Buchstaben die Inschrift: „Siehe da, eine Hütte Gottes bei den Menschen!" Auch ziert die Kirche ein kleiner Thurm mit vergoldetem Kreuz, doch entbehrt sie noch der Glocken und einer Orgel. Die Gemeinde, die gegenwärtig etwa 300 Seelen zählt und meist aus gering bemittelten Leuten besteht, die zum Theil in der Fremde ihr Brot verdienen müssen, hat doch die Baukosten bis auf 300 Thaler, die wir haben anleihen müssen, aus eignen Mitteln durch freiwillige Beiträge aufgebracht, auch alle Handarbeiten, Fuhren u. s. w. unentgeltlich geleistet. Auch dafür sei der Herr gelobt, der uns arme geringe Leute gewürdigt hat, ihm die Herberge zu bereiten und ein Haus zu bauen zum Gedächtniß seines Namens. ..." —

Im Jahre 1870 wurde das Pfarrhaus gebaut. Nur kurze Zeit war es Pfarrer Müller vergönnt, in demselben zu wohnen. Er starb noch in demselben Jahre. Im Sterberegister der Gemeinde findet sich darüber folgende Notiz: „Ganz plötzlich auf einer Amtsreise zu den in den Lazarethen zu Mainz, Frankfurt a. M. u. a.

verwundet liegenden Gliedern der lutherischen Kirche begriffen, erkrankte der Selige in Darmstadt, kehrte um und kam noch bis Bechtheim zu seinen Eltern, wo die Lungenentzündung ausbrach, an welcher er nach achttägigem Krankenlager entschlief und fern von seiner Gemeinde, welcher er 5½ Jahr treu gedient, an seinem Geburtsorte Bechtheim begraben wurde, wohin seine tiefgebeugte Frau, Schwiegermutter und das einzige Kind, sowie viele Gemeindeglieder und die lutherischen Pastoren von Flanß in Radevormwald, Berger in Düsseldorf und der Superintendent Feldner gekommen waren. Der Herr segne des Entschlafenen Arbeit und halte seine Gnadenhand über die Gemeinde und die trauernde Wittwe sammt deren Kindlein." Der Heimgegangene war erst 35 Jahre alt.

Nachdem das Pfarramt einige Monate hindurch vikarirend durch die Prediger Berger und Kayka verwaltet worden war, erwählte die Gemeinde letzteren im Juni 1871 einstimmig zu ihrem Seelsorger.

*Johannes Kayka*

Derselbe nahm die Wahl an. Hatte der böse Feind es nicht vermocht, die Gemeinde durch Irrlehre zu zerstören, so versuchte er es doch, wo er nur konnte, wie auch zur Zeit der ersten Christenheit, die doch eins im Glauben war (vgl. 1. Kor. 10, ff., Kap. 11, 18), den Samen der Zwietracht zu säen und sie durch Verlockung zu weltförmigem Wesen von dem rechten Wege abzubringen. (2. Tim. 4, 10.) Doch immer wieder gab der Herr des ewigen Friedens seiner Gemeinde gesegnete Zeiten, da Friede und Eintracht herrschte und die Bruderliebe schöne Früchte zeitigte. In der Balanzzeit kam auf die Bitte einiger Beichtkinder Pfarrer Fronmüller aus Bayern herüber und stellte mit Gottes gnädiger Hilfe Frieden und Eintracht wieder her. — Die Predigt des Wortes Gottes, rein und lauter verkündigt, drang in die Herzen und weckte Buße und Glauben, rief die Sünder zurück vom Wege des Verderbens zu dem, der der Weg, die Wahrheit und das Leben ist. Auch der Versuchung des

Anschlusses an die missourisch gewordene Gemeinde in Steeben, die von dort aus mehrfach an sie herantrat, widerstand sie, obwohl zeitweise einige wenige sich zu derselben hinneigten. Brunns Absicht war wohl von Anfang an die, Gemünden nie selbständigen lutherischen Pfarrort werden zu lassen, sondern es auf immer als Filialgemeinde an Steeben zu ketten.

Von den sieben Vorstehern standen die drei wohlhabenderen auf Brunns Seite, während die anderen vier für die Selbständigkeit ihrer Gemeinde kämpften. Mit ihnen hielt es aber größte und bessere Theil der Gemeinde. Lange Zeit schien aber ihre Hoffnung nicht in Erfüllung gehen zu sollen. Da nahte das Jahr 1864.

Rübenstrunk

"Es schien," berichtet Pfarrer Kayla, "die Zeit der ersten Liebe wiederzukehren. Schon damals mag sich manch böser Geist geregt haben; doch fand er noch keine Hilfe und keinen Anklang." Als im Jahr 1870 zwei der Kirchenvorsteher aus dem Kollegium ausschieden, wurden an deren Stelle keine anderen gewählt, sondern die ihnen zugetheilten Gemeindeglieder den übrigen fünfen zugewiesen. An diese haben dieselben ihre Kirchenabgaben zu entrichten. Die Vorsteher liefern dann die Beiträge an den "Rechner" der Gemeinde ab.

Im Jahre 1871 starb auch der Vorsteher Karl Kreckel, ein Mann, der sich viel Verdienste um die Gemeinde erworben hat, ein eifriger und für das Wohl derselben stetig besorgter Vorsteher. "Er war der ,überall', der allein Thätige," heißt's in einem Bericht.

Freilich gerade diese Thatsache enthält nicht nur Licht-, sondern auch Schattenseiten.

Doch seine Liebe, seine treue Fürsorge soll unvergessen sein.

Nach Kreckels Tode mußte nun wieder gewählt werden: Mit Furcht und Beben ging der Pastor an diese Arbeit, wußte er's doch, wie jede Wahl die ganze Gemeinde in Aufregung brachte. Ein Theil der Gemeinde wollte durchaus wieder sieben Vorsteher haben, obwohl fünf den Bedürfnissen völlig genügten. In der Gemeindeversammlung indessen fiel man wunderbarer

Weise „einstimmig" dem Antrag des Pastors auf Belassung der fünf Vorsteher bei. So wurde denn nur Ersatz für den heimgegangenen Kredel gewählt. Die Wahl fiel auf Philipp Wolf. Der Superintendent bestätigte sie unterm 20. Dezember 1872. Das Kirchenkollegium bestand damals aus Pastor Kayka, als Vorsitzendem, und den Vorstehern Karl Müller, einem „Waterlooer", der im Jahre 1871 die goldene Hochzeit gefeiert hatte, Joh. Adam Eisel, Georg Karl Wolf und dem obengenannten Philipp Wolf. In dieser Zeit wurde eine feste Gottesdienstordnung eingeführt und die Gemeinde, sowie auch die Kinder, im Religionsunterricht, den von Anfang an der Pfarrer ertheilte, in das Verständniß der lutherischen Liturgie eingeführt. Sie ist bis heutigen Tages im wesentlichen dieselbe geblieben.

Im September des Jahres 1873 folgte Pastor Kayka einem Rufe nach Bunzlau, und wiederum trat eine kurze Vakanzzeit ein, deren Wahlperiode die Gemüther in Aufregung brachte, die sich aber bald nach vollzogener Wahl wieder völlig beruhigten. Sie fiel auf den bisherigen Hilfsprediger der St. Petrikirche in Elberfeld, Gustav Adolf Nübenstrunk.\*) Er wurde am 9. November 1873, den 22. Sonntag nach Trinitatis, in sein neues Amt eingeführt. In aller Stille nahm das Gemeindeleben unter ihm seinen vom Herrn gesegneten Fortgang.

In der unirten Gemeinde war im Jahre 1879 der Pfarrer Schmidt emeritirt worden und wurde das Pfarramt bis zum Jahre 1887 (1. März), wo Pfarrer Kranz in dasselbe einberufen wurde, von den Vikaren K. H. L. Anthes (bis 1883), Bingel (bis 1884) und Karl Lieber (bis 1886) verwaltet. — Hörte man auch viele Klagen auf seiten der Unirten über den alten Pfarrer, dessen Emeritirung von vielen ersehnt wurde, so nahm man doch keinen Veranlassung, die verlassene lutherische Kirche wieder zu suchen und schätzen zu lernen. Nassau galt im allgemeinen und mit Recht für ein geistlich todtes Land.

Hatte auch die lutherische Gemeinde lange Zeit Drangsale erduldet, unter großen Opfern aus eigenen Mitteln ihre neue Kirche und ihr neues Pfarrhaus erbauen, ja auch viele Jahre hindurch noch Kirchensteuer an die Union zahlen müssen, so waren doch die Güter, welche in diesem Vertheidigungskampfe wiedererrungen wurden, gegenüber den äußeren Nachtheilen ganz unvergleichlich hohe: Gottes Wort, lauter und rein gelehret, die

---

\*) Jetzt unser verehrter Ephorus.

Sakramente nach des Herrn Einsetzung getreu verwaltet, die Freiheit von den Banden des Staatskirchenthums, der Zusammenschluß mit gleicher Ueberzeugung lebenden Brüdern, die Erhaltung und Gewinnung eines staatsfreien Kirchenregiments, welches Kirchen- und Lehrzucht aufrecht zu erhalten stetig bemüht war. Mit der Gemeinde Gemünden war schon seit Müllers Wirksamkeit der Predigtort Wiesbaden verbunden, später kam noch Frankfurt am Main und die Seelsorge für die lutherischen Soldaten in den umliegenden Garnisonen bis nach den Reichslanden hinzu. Frankfurt wurde mit Feldners Uebersiedelung dahin abgetrennt, 1884 und später noch zur neu errichteten Parochie Heidelberg geschlagen. Die Seelsorge für die Soldaten der Reichslande ging im Jahre 1888 unter Rübenstrunks Nachfolger an Pastor Büttner in Fürth über, dessen geographische Lage diese Aenderung wünschenswerth erscheinen ließ.

Das Pfarrgehalt in Gemünden betrug im Jahre 1873 noch 260 Thaler (780 Mark) und wurde im nächsten Jahre auf 900 Mark erhöht. Die jährlichen Festopfer betrugen ca. 50—60 Mark außer einigen Naturalien an Kartoffeln und Milch und wenig Accidentien. Durch die Philipp Hof'sche Stiftung (900 Mark) erhielt 1881 das Pfarrgehalt eine kleine Aufbesserung. Doch war das Einkommen freilich kein sehr großartiges zu nennen. Der Armuth der Gemeinde halfen zuweilen die Brüder im Auslande (Gotteskasten, Stader Luther-Verein bis zur Aufhebung der Kirchengemeinschaft mit Hannover) ein wenig auf. In der Gemeinde nahm mit der allmählichen Zunahme der Vermögensverhältnisse der Glieder auch die Opferwilligkeit zu. Man dachte daran, dies und jenes für die Kirche neu zu beschaffen. So wurde 1876 schon ein Orgelharmonium von der Elberfelder Gemeinde für 180 Mark käuflich erworben. Dasselbe diente ihr 13 Jahre, wo es durch ein neues ersetzt wurde.

Im Jahre 1881 erhielt Pfarrer Rübenstrunk einen Ruf nach Radevormwald, dem er Folge leistete. Am 21. August, dem 10. Sonntag nach Trinitatis, hielt er seine Abschiedspredigt vor der gleich ihm ob seinem Fortgang traurigen, tiefbewegten Gemeinde.

Kaum aber hatte er Gemünden verlassen, als die Missourier in die verwaiste Gemeinde einzudringen und die Eintracht zu stören, wenn nicht die gesammte Gemeinde in ihr Netz zu bringen, versuchten. Der treue, zum Administrator ernannte frühere Seelsorger, erhielt mit großem Schmerz Kunde von den Vorgängen.

Er schrieb warnende und ermahnende Briefe, und kam, sobald er's vermochte, persönlich, und Gott segnete sein treues Bemühen. Wie nöthig wäre der Gemeinde recht bald ein eigener Hirte gewesen. Es gelang indes nicht so bald.

Der Noth wurde im nächsten Jahre Einhalt geboten, als Kandidat Wagner zunächst noch als Prädikant in Gemünden arbeiten durfte. Am 16. Januar 1884 wurde er ordinirt und zum Hilfsprediger ernannt. Seine Berufung zum Pastor erfolgte drei Jahre später. Seit dieser Zeit hat derselbe nun bis zu seiner Uebersiedelung nach Zürich, am 1. Oktober 1897, in hingebender opferfreudiger Liebe seines Amtes obgewaltet. Gott segnete seine Arbeit.

An Stelle der Frankfurter Gemeinde kamen 1884 Treisbach mit Grünberg als Filialgemeinden zu Gemünden. Er sowohl wie seine beiden Vorgänger hatten sich darum bemüht, der Gemeinde die staatlichen Korporationsrechte zu erwirken. Leider bleiben alle Bemühungen erfolglos.

Die von seinem Vorgänger großentheils begründete Gemeindebibliothek erhielt zu seiner Zeit eine nicht unwesentliche Vermehrung. Auch an die Ausschmückung der Kirche und der Gottesdienste wurde eifrig gedacht. Ein Kronleuchter, verschiedene Armleuchter, eine neue Altar- und Kanzelbekleidung, ein Altarteppich, neue würdige Taufgeräthe und andere Gegenstände, sowie das oben bereits erwähnte Harmonium wurden angeschafft, ein aus 16 Mann bestehender Posaunenchor ins Leben gerufen. Die bereits bestehenden Vereine, wie Frauen- und Jungfrauen-Missionskränzchen, Jünglingsverein wurden gepflegt. 1891 und 1895 wurden kleine bauliche Veränderungen und Reparaturen vorgenommen. Mit großer Liebe gedenkt die Gemeinde seiner. Möge die Saat, die er 16 Jahre in treuer Arbeit gesät, reiche Früchte bringen zu Gottes Ehre und der Seelen Heil!

Am 7. Dezember 1897 versetzte wiederum eine nothwendig gewordene Pfarrwahl die Gemüther nach alter Weise in Aufregung. Die Wahl fiel auf den bisherigen Hilfsprediger der St. Katharinenkirche zu Breslau, Heinrich Cornelius. Ueber seine kurze Wirksamkeit kann er billig schweigen. Nur noch einiges möchte er sagen über die derzeitige äußere Lage der Gemeinde.

Noch hat dieselbe an den Schulden für den Pfarrhausbau zu tragen, und doch müssen wir jetzt daran denken, bedeutende bauliche Veränderungen vorzunehmen. Die Königliche Regierung hat auf den Antrag des Pastors demselben den Gesammt-Religionsunterricht für die lutherischen Schulkinder überlassen, welche mehrere Jahre hindurch, besonders die Kinder unter 10 Jahren, zum Theil am unirten Religionsunterricht der Schule theilnahmen. Das Konfirmandenzimmer ist für eine Anzahl von beinahe 60 Kinder, selbst nach eingetretener Zweitheilung, viel zu klein. Darum müssen und wollen wir einen Schulsaal bauen. Derselbe soll gleichzeitig Gemeindezwecken dienen, ein Versammlungslokal für den Frauen- und Jungfrauen-Missionsverein, für den Jünglingsverein, Posaunenchor 2c. bilden. Dazu müssen wir unser Kirchlein einer höchstnöthigen Reparatur und Renovation unterziehen. Die Balkenlage des Daches muß gänzlich erneuert werden.

Allmählich rückt der fünfzigjährige Wiedererstehungstag der Gemeinde herbei. Noch werden unsere Todten ohne Glockengeläut begraben. Denn wir haben keine Glocken, und die Unirten läuten nur für ihre eigenen Gemeindeglieder. Ein kleiner Glockenfonds ist zwar vorhanden, aber er reicht bei weitem nicht aus, zumal wir für dieselben auch einen neuen Thurm bauen müssen. Der, dem beides gehört, Silber und Gold, der wird uns auch Thurm und Glocken bescheeren, wenn es für uns gut ist und seine Stunde gekommen. Er lenkt der Menschen Herzen wie Wasserbäche; vielleicht wird auch durch dies Schriftchen der eine oder andere unserer irdisch gesegneten Mitbrüder dazu bewogen, uns ein wenig beizuspringen. Bücher finden zuweilen den Weg zum Herzen und reden zu, doch nicht müde zu werden im Wohlthun, zu allermeist an des Glaubens Genossen.

Wir aber vertrauen dem, der heißet Wunderbar. Sein Kreuz segnet, den gesegneten Weg des Kreuzes wollen wir in Seinem Namen, in Seiner Kraft pilgern. Er, der Getreue, mache uns treu bis ans Ende, damit wir die Lebenskrone empfangen.

Er segne auch Euch im Herrn geliebte Brüder, die Ihr dies Büchlein von einem Stückchen deutscher Kirchengeschichte am Fuße des Westerwaldes leset. Er gebe, daß dasselbe Euch erkennen helfe den werthen Schatz der Kirche deutscher Reformation, daß Ihr mannhaft widerstehet „dem andern Geist von Frankreich und der Schweiz", den Schwarmgeistern von Zürich und Genf, daß Ihr immer tiefer wurzelt in dem rechten christlichen Glauben! Immer näher rückt der letzte Entscheidungskampf. Wir leben in der letzten bösen Zeit. Da gilt's für jeden einzelnen ganz besonders „fest zur Fahne" zu halten. Darum:

      Halte aus, Zion, halte deine Treu',
      Laß dich ja nicht laulicht finden.
      Auf, das Kleinod rückt herbei,
      Auf, verlasse, was dahinten.
      Zion, in dem letzten Kampf und Strauß
      Halte aus!

# Anhang.

## Einige Aktenstücke des Pfarrarchivs.

### Nr. 1.

An Herzogliches Staatsministerium des Innern gehorsamste Vorstellung der unterzeichneten Einwohner von Gemünden, Amts Rennerod.

Wie Herzoglichem Staatministerium schon bekannt sein wird, sind kürzlich eine große Zahl Einwohner unseres Orts von der evangelischen Landeskirche ausgetreten und zu ihrer alten lutherischen Kirche zurückgekehrt. Wir haben dieses sämmtlich durch eigenhändige Namensunterschrift erklärt und dem Kirchenvorstand im Wege der Ordnung angezeigt.

Infolgedessen ist am vorigen Sonntag der Dekanatsverwalter, Herr Pfarrer Menke von Neunkirchen, dahier erschienen. Nachdem sich derselbe in die Kirche verfügt und die Kirchenthüren mit Gensdarmen besetzt waren, so erklärte er, daß die von uns abgegebenen Namensunterschriften ungültig seien, und ein jeder der Uebergetretenen einzeln sich in die Kirche verfügen solle, um daselbst sich zu Protokoll nehmen zu lassen. Zugleich weigerte er sich, ein fortgesetztes Namensverzeichniß der Uebergetretenen, als ungültig, anzunehmen, daher wir beiliegend dasselbe nun unmittelbar an Herzogliches Staatsministerium einschicken.

Wir müssen über das Verfahren des Herrn Dekanatsverwalter Menke bei Herzogl. Ministerium Klage führen. Wir glauben nicht, daß es gesetzliche Ordnung ist, die Kirche zu einer Amtsstube zu machen, wo man Protokolle stellt, es hat uns alle mit großer Entrüstung erfüllt, daß man vor unsern Augen die Thüren des Hauses Gottes mit Gensdarmen besetzt hat, was um so weniger entschuldigt werden kann, da seit unserem Austritt aus der Landeskirche noch keine Spur von öffentlicher Ruhestörung vorgekommen ist, auch um dieser Sache willen nicht vorkommen soll und wird, da es für uns alle nur eine heilige Glaubenssache ist, und wir weit entfernt sind von jedem Gedanken, uns irgendwie gegen die bürgerliche Ordnung auflehnen zu wollen. Die stärkste Beschwerde aber erheben wir dagegen, daß Herr Dekan Menke jedes einzelne Glied der übergetretenen Familien wollte zu Proto=

soll nehmen. Hierin können wir nur die Absicht erkennen, unter uns und in unsere Familien Verwirrung und Zwietracht zu bringen, da es nicht schwer gefallen sein würde, Frauen und Unmündige bei einzelner Vornahme entweder einzuschüchtern oder irre zu machen in dem von uns erklärten Schritt. Noch ungesetzlicher aber ist es, daß Herr Dekan Menke die von uns eingereichten eigenhändigen Namensunterschriften für ungültig erklärte. Damit hat derselbe auf das frechste aller gesetzlichen Ordnung Hohn gesprochen; denn wir haben noch nie gehört, daß vor irgend einem Gerichte eine eigenhändige Namensunterschrift ungültig sein sollte. Aus solchen Gründen haben wir uns von Herrn Dekan Menke nicht zu Protokoll nehmen lassen, indem wir sein ganzes Verhalten für ungesetzlich erkennen mußten, wovon wir zu unserer Rechtfertigung hiermit das Herzogl. Staatsministerium in Kenntniß setzen, wenn man über uns sollte Klage führen, daß wir dem Herrn Dekan Menke nicht Folge geleistet. Zudem erklären wir Herzogl. Staatsministerium, daß unser Austritt aus der evangelischen Landeskirche durch freiwillige eigenhändige Namensunterschrift erklärt und vollzogen ist, daß wir also keinem evangelischen Pfarrer oder Dekan mehr Folge zu leisten schuldig sind. Hat aber Herzogl. Staatsministerium Zweifel, ob unsere Namensunterschriften wirklich echt und aus eigener freiwilliger Ueberzeugung abgegeben sind, so mag hochdasselbe durch Herzogliches Kreisamt in Herborn darüber Untersuchung anstellen und Zeugen vernehmen lassen, wozu wir jeden Tag erbötig sind. Es hat der Herzogl. Kreisamtmann Kniesel in Herborn amtlich die Erklärung abgegeben, daß er noch von keinem der Herzogl. Ministerialerlasse in Kenntniß gesetzt sei, wodurch schon im Jahre 1848 allen von der evangelischen Landeskirche getrennten Lutheranern, auf Ansuchen der lutherischen Gemeinde in Steeden, Amts Runkel, vollständig freie Religionsübung verliehen ist. Wir richten daher schließlich an Herzogl. Staatsministerium die gehorsamste Bitte:

„Dem Herzogl. Kreisamt in Herborn die obengenannten Ministerialerlasse vom Jahre 1848 mitzutheilen und ihm die Weisung zugehen zu lassen, an freier Religionsübung durch lutherische Geistliche, die wir bereits zu uns berufen haben, in keiner Weise uns zu hindern."

Herzogl. Staatsministeriums gehorsamste Bittsteller
im Namen ihrer sämmtlichen Glaubensgenossen
zu Gemünden. (Unterschriften.)

Gemünden, den 16. Juli 1850.

### Nr. 2.

An Herzogliches-Staatsministerium des Innern gehorsamste Beschwerde der evang.-lutherischen Einwohner zu Gemünden, Amts Rennerod, wegen grober Excesse des Herrn Pfarrer Schmidt daselbst.

Unter den hiesigen von der evangelischen Landeskirche öffentlich ausgetretenen Einwohnern ist am 30. Juli ein Leichenbegängniß von dem lutherischen Geistlichen Herrn Pfarrer Brunn in stillster Ordnung vollzogen worden. Als wir sämmtliche am Sterbehaus versammelt waren und das Leichenlied bereits gesungen hatten, trat Herr Pfarrer Schmidt dahier mit dem Bürgermeister plötzlich in den Leichenzug und gebot mit lauter Stimme Einhalt. Dann trat er mit aufgehobenem Arm an unsern Geistlichen und wollte ihn zur Rede darüber setzen, daß er „in seiner Gemeinde geistliche Amtshandlungen vornehme". Herr Pfarrer Brunn wies ihn mit einigen kurzen Worten ab und ging sodann weiter. Darauf trat Herr Pfarrer Schmidt mit beiden hocherhobenen Armen gegen den Sarg, um dessen Träger am Weitergehen zu hindern, die sich aber nicht stören ließen. Dann schrie er laut: „wo ist Heier?" (so hieß nämlich der Vater der Todten, der hinter dem Sarg ging) und fragte: „Habt Ihr diesen Mann berufen, Eure Tochter zu beerdigen?" worauf der Gefragte bejahte. Zugleich sagte ein anderer aus unserer Mitte: „Hier wird kein Gericht gehalten." Ohne auf weitere Reden uns einzulassen, setzten wir darauf still den Leichenzug fort und ließen Pfarrer und Bürgermeister stehen. Die Handlung des Herrn Pfarrer Schmidt ist um so strafbarer, da derselbe sie mit vorher schon geäußertem Vorbedacht that, und Herr Pfarrer Brunn ihn deshalb brieflich gebeten hatte, doch von seinem Vorhaben abzustehen, um unangenehme Kollisionen zu vermeiden. Darauf schrieb Herr Pfarrer Schmidt die beiliegende Antwort,*) die wir hohem Staatsministerium hiermit vorlegen. Es geht aus derselben namentlich hervor, daß Herr Pfarrer Schmidt mit aller bestehenden gesetzlichen Ordnung so unbekannt zu sein scheint, daß er sich unsern Austritt aus der Landeskirche gar nicht denken kann. So redet er unsern Geistlichen noch an als „Kaplan" der Landeskirche, der er früher in Runkel war, und behauptet geradezu, in Gemünden sei kein Austritt nach gesetzlicher Ordnung erfolgt. Letztere Behauptung ist ganz sinnlos, da wir unsern Austritt aus der Landeskirche schriftlich und öffentlich sämmtlichen kirchlichen

---

*) Leider nicht in den Akten abschriftlich vorhanden.

Behörden erklärt haben. Doch Herr Pfarrer Schmidt scheint auf der Einbildung zu stehen, unser Austritt habe nicht eher Gültigkeit, als bis er einen Entlassungsschein uns ertheilt habe.

Hohes Staatsministerium wird begreifen, mit welchem allgemeinen Unwillen die nicht nur ganz ungesetzliche, sondern wahrhaft empörende Handlungsweise des Herrn Pfarrer Schmidt dahier betrachtet wird. Es ist tief zu beklagen, Störungen religiöser Feierlichkeiten von einem Geistlichen ausgehen zu sehen in einer Art, wie sie von Gassenbuben sonst zu geschehen pflegt. Herr Pfarrer Schmidt ist selbst Ursache, wenn in Gemünden der letzte Funke von Achtung vor ihm erloschen ist. Hohes Staatsministerium möge selbst urtheilen, was von einem Manne zu halten ist, der zu solchen Schritten fähig ist, als die hier berichteten des Herrn Pfarrer Schmidt.

Schließlich übrigens müssen wir bei der Behauptung bleiben, daß unser Austritt aus der evangelischen Landeskirche ganz in gesetzlicher Ordnung erfolgt ist, wir ersuchen daher hohes Staatsministerium „künftig vor ähnlichen groben Excessen und Eingriffen des Herrn Pfarrer Schmidt in die uns gesetzlich zustehende Religionsfreiheit uns zu schützen und bitten zur Verhütung weiterer Reibungen und Auftritte um möglichst schnellen Bescheid."

Hohen Staatsministeriums gehorsamste ...

Gemünden, den 30. Juli 1850. &c.

### Nr. 3.

(Antwort des Staatsministeriums.) Dem Johann Friedrich Wengenroth zu Gemünden wird auf die namens der aus der evangelischen Kirche ausgetretenen dasigen Einwohner eingereichte

Vorstellung

wegen angeblicher Ueberschreitung der Amtsbefugnisse von seiten des Herrn Pfarrers Schmidt daselbst

hierdurch eröffnet, daß die vorgebrachte Beschwerde grundlos befunden worden ist, indem der gewesene Kaplan Brunn noch zur Zeit in keiner Weise berechtigt ist, pfarramtliche Verrichtungen in Gemünden vorzunehmen, insbesondere durch den Vollzug eines Begräbnisses daselbst bestimmte Gesetze verletzt hat.

Wiesbaden, den 6. August 1850.

Herzogliche Ministerialabtheilung des Innern.

Evangelisch-kirchlicher Senat.

(gez.) Unterschrift.    Kol. Num. 30470.

### Nr. 4.

An Herzogl. Staatsministerium. Abtheilung des Innern.

Gehorsamstes Gesuch ꝛc. ...*)
um Erlaubniß, daß vorläufig und so lange, bis wir einen eigenen lutherischen Geistlichen haben, der Herr Pfarrer Brunn von Steeden Gottesdienst bei uns halten darf, sowie Mitgebrauch der Kirche zu Gemünden.

Nachdem uns unser Gesuch um Annahme des Herrn Pfarramts=Kandidaten Anthes von Lich abgeschlagen und zugleich mündlich noch eröffnet worden ist, daß wir denselben nie zum Geistlichen erhalten könnten, so sehen wir uns zu der gehorsamsten Bitte genöthigt, uns gestatten zu wollen, daß der Herr Pfarrer Brunn von Steeden uns vorläufig Gottesdienst halten darf, bis wir einen eigenen Geistlichen haben. Wir sind 126 Familien und zwischen 700 bis 800 Seelen, bilden also die Mehrzahl der Einwohner von Gemünden, ein hohes Staatsministerium wird nicht wollen, daß fast ein ganzes Dorf ohne Gottesdienst ist, um so viel weniger, als der § 12 der Verfassung allen Staats=angehörigen unbeschränkte häusliche und öffentliche Uebung ihrer Religion gewährt, wir haben daher ein Recht, Gottesdienst zu halten, und ohne Geistlichen kann das nicht geschehen.

Ferner wollten wir gehorsamst bitten, uns den Mitgebrauch der Kirche in Gemünden gestatten zu wollen, da kein anderes Lokal, selbst das Schulzimmer nicht, uns aufzunehmen groß genug ist. Wir versprechen, uns ganz nach der Kirchengemeinde zu richten....

### Nr. 5.

Resol.: Den Austritt mehrerer Einwohner von Gemünden aus der evangelischen Kirche betr.

In Gemäßheit hoher Verfügung Herzogl. Staats=Ministerii, Abth. des Innern, vom 10. pr. am 13. d. M., ad Nr. 31096, wird dem gewesenen Kapellan Brunn zu Steeden bekannt gemacht, daß es ihm durchaus nicht gestattet ist, in anderen Gemeinden, als in Steeden, als Prediger aufzutreten, oder Parochial=Handlungen vorzunehmen, allenthalben, wo er dieses versuchen sollte, wird er sofort ausgewiesen und nach Umständen in Untersuchung gezogen werden.

Auch in Gemünden namentlich ist ihm vorerst bis zu etwa eingehender weiterer höherer Verfügung das Predigen untersagt

---

*) Leider fehlt das Datum bei diesem Aktenstück.

und weiter Parochial-Handlungen darf derselbe ohnehin dort, wie bereits bekannt gemacht, nicht vornehmen. Dieses wird demselben hiermit zur Entschließung und pünktlichen Bemessung auf seine Eingabe vom 5. d. M. eröffnet und hat sich derselbe lediglich jede Unannehmlichkeit, welche durch Zuwiderhandeln unausbleiblich erfolgen wird, selbst zuzuschreiben, sowie er auch die Verantwortlichkeit aller Folgen auf sich nimmt, welche etwa bei solcher Gelegenheit Gemündener Einwohner durch Handlungen ihrerseits treffen können und werden.

Rennerod, den 13. August 1850.

Durch den Herrn Bürgermeister zu Gemünden dem Friedrich Wengenroth und Konsorten allda zuzustellen und Bescheinigung einzusenden.

Hgl. Kr.-Amt Herborn.
gez. Knisel.

### Nr. 6.

ad Num. 26083.        Pr. l. 15. August 1852.

Den zu einer besonderen lutherischen Religionsgesellschaft zusammengetretenen Einwohnern von Gemünden wird auf ihre Vorstellung, den Religionsunterricht ihrer Kinder betr., hierdurch eröffnet, daß weder dem Kandidaten Fronmüller zum Behufe der Ertheilung des Religionsunterrichtes der fernere Aufenthalt in Gemünden gestattet, noch dem Prediger Brunn zu Steeden das Auftreten in dieser Gemeinde zu gleichem Zwecke nachgegeben werden kann, dem Gesuche demnach in keiner Beziehung zu willfahren steht.

Wiesbaden, den 5. August 1852.

Herzogliche Ministerial-Abtheilung des Innern.

(gez. Unterschrift.)

Res.: eod. q. pr. Ret.: cop. den Supplikanten zuzustellen mit Bemerken, daß sobald Kandidat Fronmüller oder Prediger Brunn in Gemünden betroffen wird, der eine wie der andere gemäß früherer Ankündigung arretirt und förmlich ausgewiesen wird.

H. N. Kr.-Amt.    gez. Knisel.

Dem Herzogl. Kreisamt zu Herborn.

Zur Abgabe.

Abgegeben an die altlutherische Religionsgesellschaft, nämlich an Schöffe Wengenroth.

Gemünden, den 18. August 1852.

gez. Klees, Bürgermeister.

Nr. 7.
...., den 17. November 1852.

Durchlauchtigster Herzog!
Gnädigster Herzog und Herr!

Die unterthänigst im Namen der ev.=luth. Gemeinde zu Gemünden, Amts Rennerod, Unterzeichneten sind der Hoffnung, daß die bedrängte Lage, in welche sie durch die Maßnahmen Herzogl. Ministeriums versetzt sind, sich in dem Maße günstiger gestalten werde, in welchem Ew. Hoheit Selbst gnädigst unsere Sache anhören und sich derselben anzunehmen geruhen wollten.

Nicht ohne Vorwissen Herzogl. Staatsministeriums sind wir im Jahre 1850 zu der ev.=luth. Kirche, welche die Kirche unserer Väter gewesen ist, zurückgekehrt, und haben seit der Zeit fast zwei Jahre lang in guter, kirchlicher Ordnung unseres Glaubens gelebt. Ohne irgend einen äußeren Anlaß ist unser Geistlicher am 1. Juli d. J. polizeilich von hier ausgewiesen worden, und hat Herzogl. Staatsministerium unsere gehorsamsten Bitten und Gegenvorstellungen in dieser Sache nicht berücksichtigt.

Wir haben darauf, um wenigstens unsern Kindern den nöthigen Religionsunterricht zu verschaffen, bei Herzogl. Staatsministerium um die Erlaubniß gebeten, daß der ev.=luth. Pastor Brunn in Steeden jede Woche Gemünden zu diesem Behuf besuchen dürfe. Doch ist diese gehorsamste Bitte ebenfalls uns abgeschlagen worden. So sind wir nun mit unseren Kindern, deren Zahl nahe an 100 beträgt, aller geistlichen Pflege völlig beraubt. Wir haben die in dem alten, in so vielen ev.=luth. Landeskirchen bis heute zu Recht bestehenden Bekenntniß wohlbegründeten Motive, um welcher willen wir uns von der unirten Landeskirche des Herzogthums getrennt haben, schon oft vor Ew. Hoheit und Höchstdero Behörden unterthänigst ausgesprochen. Wir halten die ev.=luth. Kirchenlehre für die allein wahre und in Gottes Wort gegründete, welche uns für unsere Personen zu bekennen und unsern Kindern zu überliefern Gewissenssache ist.

Wir glauben, Ew. Hoheit wird huldreichst anerkennen, daß unserem Austritt aus der Landeskirche, welcher allein deshalb erfolgte, weil in derselben rein ev.=luth. Lehre und Sakramentsverwaltung nicht mehr zu Recht besteht, keine politische oder revolutionäre Triebfeder zu Grunde liegt. Dessenungeachtet hat Herzogl. Staatsministerium gegen uns und unsere Sache wie gegen eine staatsgefährliche verfahren zu müssen geglaubt, ja sogar erklärt, daß nun und in alle Zukunft die ev.=luth. Landeskirche nicht werde gebuldet werden. Wir berufen uns auf unsere öffentlichen Glaubensbekenntnisse, welche Jahrhunderte lang als gute Bekenntnisse hier in nassauischen Landen anerkannt gewesen sind. Auf diese gestützt, wagen wir an Ew. Hoheit die unterthänigste Bitte zu stellen, unserer Kirche Ew. Hoheit Landesherrliche Anerkennung nicht zu versagen, unsere Geistlichen zu uns zurückkehren zu lassen und denselben gnädigst Erlaubniß zu ertheilen, die nöthigen Amtshandlungen vornehmen zu dürfen, und sind der frohen Hoffnung, daß Ew. Hoheit gnädigst also entscheiden, daß viele treue Unterthanen den geliebten Landesvater dafür segnen werden.

Es verharrt in tiefster Ehrfurcht
unterthänigst
ev.-luth. Gemeinde zu Gemünden, in den Vertretern
(gez.) Joh. Conr. Wengenroth. Philipp Schwarz ꝛc.

---

### Nr. 8.

a) Ad Num. 18594.

Dem Johann Conrad Wengenroth, Johann Adam Eisel, Georg Karl Wolf von Gemünden, Kreisamts Herborn, und verschiedenen Einwohnern von Steeben, Schabeck, Kirberg, Mansfelden und Bechtheim wird auf die namens der zusammengetretenen lutherischen Religionsgesellschaften an Seine Hoheit den Herzog gerichteten Vorstellungen

um Aufhebung aller Beschränkung in Ausübung ihrer Religion, staatliche Anerkennung ihrer von der evangelischchristlichen Kirche des Herzogthums getrennten Religionsgesellschaften, Zugeständniß der Berechtigung zur gültigen Vollziehung aller - pfarramtlichen Handlungen an die von ihnen berufenen Geistlichen u. s. w.

zufolge hoher Ministerialverfügung vom 6. d. Mts. hierdurch eröffnet, daß ihren Gesuchen nicht willfahrt werden kann, weil die Anerkennung besonderer evangelisch-lutherischer Gemeinden oder Privatreligionsgesellschaften mit den in Anspruch genommenen Berechtigungen eine Verletzung des landesherrlichen Ediktes vom 11. August 1817, wodurch die Vereinigung der evangelisch-lutherischen und evangelisch-reformirten Kirche des Herzogthums begründet und sanktionirt worden ist, sein und dessen Aufhebung zur Folge haben würde, daß demnach Berechtigungen, welche die

Grenzen der Privathausandacht überschreiten, nicht zugestanden werden können.

Wiesbaden, den 14. Juli 1853.

Herzogliche Ministerialabtheilung des Innern.

(gez.) Unterschrift.

b) Ad Num. 37312.

Den zu einer besondern lutherischen Religionsgesellschaft zusammengetretenen Einwohnern von Gemünden wird auf die an Seine Hoheit den Herzog eingereichte Vorstellung,

die Gestattung der Berufung eines lutherischen Geistlichen zur Leitung ihrer kirchlichen Angelegenheiten betr.,

unter Verweisung auf die früheren Verfügungen, insbesondere auf die Dekrete vom 14. Juli und 1. September b. J. hierdurch eröffnet, daß ihrem Gesuche nicht willfahrt werden kann.

Wiesbaden, den 5. Dezember 1853.

Herzogliche Ministerialabtheilung des Innern.

(gez.) Unterschrift.

### Nr. 9.

An Herzogliches Staatsministerium, Abth. des Innern, gehorsamste Vorstellung der ev.-lutherischen Einwohner zu Gemünden, Amts Rennerod,

wegen Störung ihrer Haus- und Privat-Gottesdienste.

Wir haben Herzogl. Staatsministerium durch gehorsamste Vorstellung bereits davon in Kenntniß gesetzt, daß uns die Abhaltung unserer Haus- und Privatgottesdienste in unserm seitherigen Lokal untersagt worden ist.

Es ist nunmehr in diesen Tagen der hiesige Bürgermeister K....*) noch einen Schritt weiter gegen uns gegangen, und hat jeden einzelnen unter uns, der unsere Gottesdienste besuchte, mit 30 Kreuzer bis zu 1 fl. gestraft. Es beträgt diese Strafe in Summa mehr als 100 Gulden!

Wir können die uns durch Bürgermeister K.... gemachten Verbote nicht als gesetzlich verbindend für uns ansehen. Denn

1. Unsere Haus- und Privatgottesdienste sind uns vom Herzogl. Staatsministerium erlaubt,

2. das bisher von uns gebrauchte Lokal im Hause des Ph. Böhm dahier haben wir zu diesem Zweck rechtmäßig durch Kontrakt gemiethet und müssen es mit unserm Geld bezahlen,

---

*) Im Aktenstück ist der Name ausgeschrieben.

3. irgend ein Polizeiverbot wird durch unsere Gottesdienste nicht überschritten, zumal, da wir auf Erinnerung des Bürgermeisters K...., unsere Gottesdienste seien für die Gottesdienste in der Landeskirche störend, sogleich die unseren zu anderer Zeit zu halten angefangen haben und noch halten. Wir erlauben uns also die gehorsamste Frage, was für ein Recht hat Bürgermeister K...., uns unsere höheren Orts erlaubten Hausgottesdienste ohne Angabe irgend eines polizeilichen Grundes in unserm rechtmäßigen, gemietheten Lokale zu verbieten? Wir können solche ganz unbefugte und unrechtmäßige Eingriffe in unsere gesetzlichen Rechte nicht als verbindlich betrachten, wir fahren daher fort, unsere Hausgottesdienste nach wie vor in unserm Lokal zu halten, da wir kein anderes hierzu taugliches besitzen. Wir bitten aber dringend Herzogl. Staatsministerium um schleunige Hilfe.

Daß Bürgermeister K.... bei den gesammten Vorgängen gar keine andere Absicht hat, als nur die, uns gewaltsam zu unterdrücken, geht zur Genüge daraus hervor, daß er dem Gemeinderechner aufgetragen hat, binnen 8 Tagen bei Vermeidung der Pfändung die uns auferlegten Geldstrafen einzutreiben. Möge Herzogl. Staatsministerium aus dem Geschehenen sich überzeugen, wie gewaltsam ohne alles Recht und Billigkeit man mit uns Lutheranern verfährt, und möge Hochdasselbe nicht zugeben, daß der Name Hoher Herzogl. Staatsregierung mit solchen Gewaltthaten, an völlig unbescholtenen und rechtschaffenen Unterthanen verübt, befleckt werde.

Wir ersuchen bringend, Herzogl. Staatsministerium möge gnädig die Aufhebung der uns auferlegten Geldstrafen wegen Abhaltung unserer Hausgottesdienste und die ungehinderte Fortsetzung der letzteren in unserm hierzu gemietheten Lokale unter Beobachtung der allgemein gültigen polizeilichen Vorschriften verfügen. Um schleunigsten Bescheid bringend bittend 2c.

Gemünden, den ....*) 1853.

## Nr. 10.

Nachdem die evangelisch=lutherische Gemeinde Gemünden in Nassau nach Inhalt der von unserm Kommissarius, dem Herrn Superintendenten Feldner in Elberfeld mit ihr gepflogenen Verhandlung vom 22. April cr. einstimmig den Beschluß gefaßt hat,

---

*) Hier ist im Aktenstück Tag und Monat vergessen einzurücken.

sich der evangelisch-lutherischen Kirche in Preußen anzuschließen und deren Kirchenordnung, wie sie in den Synodalbeschlüssen vorliegt, vorbehaltlich der bei uns zu beantragenden, je nach den örtlichen und Landesverhältnissen erforderlichen Aenderungen einzelner Bestimmungen in denselben, anzunehmen und zu beobachten: so nehmen wir kraft der uns vermöge unserer Kirchenordnung anvertrauten Gewalt die gedachte Gemeinde hiermit in unsern Kirchenverband auf und erkennen dieselbe als eine mit den übrigen Gemeinden unserer Kirche zu gleichen Rechten und Pflichten verbundene, selbständige Gemeinde an — im Namen des Vaters, des Sohnes und des Heiligen Geistes. Amen.

Wir versehen uns hiernach zu dieser Gemeinde, daß sie fleißig sein wird, mit allen Gemeinden unserer Kirche zu halten die Einigkeit im Geist durch das Band des Friedens, insbesondere aber auch uns, als ihrer vorgesetzten kirchlichen Obrigkeit, mit Liebe und Ehrerbietung zu begegnen und unsern Anordnungen willige Folge zu leisten. Dagegen versprechen wir, derselben auch alle pflichtmäßige kirchenregimentliche Pflege angedeihen zu lassen, in allen vorkommenden Fällen ohne Ansehen der Person zu richten, uns keinerlei Herrschaft über die Gewissen anzumaßen und überhaupt unseres Dienstes an ihr in brüderlicher Liebe zu warten. Dazu helfe uns und ihr der gnädige Gott um Christi willen mit Kraft und Erleuchtung des Heiligen Geistes. Amen.

Breslau, den 11. Mai 1865.

l. s.

Das Ober-Kirchen-Kollegium der evangelisch-lutherischen Kirche in Preußen 2c.

gez. E. Huschke.

Anerkennung und Aufnahme der Gemeinde Gemünden in Nassau in den Verband der evangelisch-lutherischen Kirche in Preußen.

Nr. 314.